Till
Warum Seriengucken uns
zu besseren Eltern macht

# Warum Seriengucken uns zu besseren Eltern macht

## Erziehen mit Netflix & Co.

**Jochen Till**

TRIAS

**Bibliografische Information
der Deutschen Nationalbibliothek**

Die Deutsche Nationalbibliothek verzeichnet diese Publikation in der Deutschen Nationalbibliografie; detaillierte bibliografische Daten sind im Internet über http://dnb.d-nb.de abrufbar.

1. Auflage 2019

© 2019 TRIAS Verlag in Georg Thieme Verlag KG, ein Unternehmen der Thieme Gruppe

Rüdigerstr. 14
70469 Stuttgart
Deutschland

www.trias-verlag.de

Printed in Germany

Programmplanung: Katja Widmann
Projektmanagement: Anja Bippus
Redaktion: Anne Beck
Umschlaggestaltung: FAVORITBUERO, München
Bildnachweis:
Umschlagillustration: Quelle: FAVORITBUERO, München, modifiziert nach Yusak_P, Shutterstock
Autorenfotos: S. 5 oben: Niko Neuwirth Photography, S. 5 unten: dietzefotografie
Satz: Ziegler und Müller, Kirchentellinsfurt
Druck: Westermann Druck Zwickau GmbH, Zwickau

ISBN 978-3-432-10885-8        1 2 3 4 5 6

Auch erhältlich als E-Book:
eISBN (epub) 978-3-432-10886-5

Liebe Leserin, lieber Leser,
hat Ihnen dieses Buch weitergeholfen?
Für Anregungen, Kritik, aber auch für Lob sind wir offen. So können wir in Zukunft noch besser auf Ihre Wünsche eingehen. Schreiben Sie uns, denn Ihre Meinung zählt!             Ihr TRIAS Verlag

Kontakt: kundenservice.thieme.de
Lektorat TRIAS Verlag, Postfach 30 05 04,
70445 Stuttgart, Fax: 0711 8931-748

**Lassen Sie sich inspirieren!**
www.pinterest.com/triasverlag

**Besuchen Sie uns auf facebook!**
www.facebook.com/mama.mag.trias

# Die Autoren

**Jochen Till** ist seit über 20 Jahren erfolgreicher Kinder- und Jugendbuchautor. Zwei seiner Romane wurden mit dem Leipziger Lesekompass ausgezeichnet. 1988 erlangte Till inklusive dreimal Sitzenbleiben sein Abitur und studierte kurzzeitig Anglistik, Amerikanistik und Germanistik. Nebenher arbeitete er als Videothekar, Nachtwächter und Comicverkäufer. Mit elterlichen Sorgen und renitentem Nachwuchs kennt sich der bekennende Serienjunkie bestens aus, da er sich gut an seine eigene Kindheit und Pubertät erinnern kann, in der er selbst ordentlich auf die Kacke gehauen hat. Dank dieser Erfahrungen und seinem umfassenden Wissen über die TV-Serienlandschaft weiß er ganz genau, warum Seriengucken uns zu besseren Eltern macht. Jochen Till lebt in Sulzbach am Taunus.

**Anke Precht** ist Diplom-Psychologin und Mutter von drei Kindern. Sie hat mehrere Bücher veröffentlicht und schreibt unter anderem für BILD, MaVie und petra.

# Inhalt

# BA-DAMMMMM!

Oder Ba-Dummmmm? Ta-Dommmmm? Da-Dömmmmm? Gar nicht so einfach, ein Geräusch zu Papier zu bringen. Ich kann es leider auch nicht aus einem Comic abschreiben, dafür ist es noch zu neu. Comicautoren erfinden ständig solche Lautworte. Paff! Pow! Bang! Das sind mittlerweile geläufige Klassiker. Aber dieses Geräusch gibt es noch nicht lange, zumindest habe ich es in keinem Comic gefunden. Sie kennen es aber höchstwahrscheinlich, es hat etwas mit dem Titel dieses Buchs zu tun. Es ist das Geräusch, das ertönt, wenn Sie eine neue Serienfolge auf Netflix starten. Dann erscheint das Netflix-Logo und es ertönt dieses Ba-Dammmmm. Oder Wa-Wummmmm? Egal, Sie wissen, was ich meine. Nein? Sie haben kein Netflix? Kein Problem, das macht überhaupt nichts, Sie dürfen trotzdem weiterlesen. Das Netflix im Titel steht stellvertretend für alle Streamingdienste/Portale/Datenträger, die es ermöglichen, TV-Serien zu gucken. Amazon, Maxdome, Sky, DVD-Boxen, illegale Downloads. Egal, woher und von welchem Geräusch eingeleitet Sie Ihr Serienfutter beziehen, Hauptsache, Sie verfügen über ein gesundes Maß an Serienaffinität – wovon ich einfach einmal ausgehe, sonst hätten Sie wohl kaum ein Buch mit Netflix im Titel in die Hand genommen. Es sei denn, natürlich, Sie dachten, Netflix ist ein Cousin von Asterix, der in einem kleinen, unbeugsamen gallischen Dorf einen Kindergarten eröffnet. Womit wir wieder beim Comic und bei den Lautworten wären.

Dieses Ba-Dammmmm (oder wie auch immer man es nun schreiben mag) passt nämlich gleichfalls zum zweiten großen Thema dieses Buchs. Es könnte das Geräusch sein, das ein Spermium erzeugt, wenn es die Haut einer Eizelle durchbricht. Ba-Dammmmm! Treffer! Zielobjekt erfolgreich befruchtet! Und neun Monate später kommt etwas dabei heraus, das neben ganz viel Liebe, Fürsorge und Aufmerksamkeit noch etwas anderes ganz dringend braucht: Erziehung. Davon kann man nie genug haben – vorausgesetzt, es handelt sich um gute Erziehung. Aber das ist ja bei TV-Serien ähnlich, davon kriegt man als Serienfan auch nie genug, wenn sie gut sind. Nun bin ich hier angetreten, um diese beiden Themen mit möglichst guten Tipps zu verbinden, was bedeutet, dass ich einerseits auf lohnenswerte TV-Serien hinweisen und andererseits, damit verbunden, ein paar Ratschläge zum Thema Erziehung loswerden möchte. Was nicht bedeutet, dass Sie Ihre Kinder einfach vor dem Fernseher parken sollen, um sie zu erziehen. Das wäre nun wirklich zu einfach und mit Sicherheit pädagogisch äußerst fragwürdig. Aber vielleicht können wir ja aus Serien sogar etwas über Erziehung lernen? Es gibt schließlich mehr als genug Serienkinder, die von ihren Serieneltern erzogen werden – ob deren Erziehungsmaßnahmen im Einzelfall vorbildlich oder völlig daneben sind, ist eine andere Frage, die hier aber auch beantwortet werden soll.

Gleich vorab, um Ihnen das lästige Googeln zu ersparen: Nein, ich habe keine Kinder. Keine eigenen und auch keine patchgeworkten. Noch nicht mal über Nichten oder Neffen verfüge ich, ich bin das typische verwöhnte Einzelkind. Auch in der Familie meiner Herzallerliebsten tummeln sich keine Kinder, das jüngste Familienmitglied ist ihre Halbschwester, die gerade 18 Jahre alt geworden ist. Folgerichtig habe ich absolut keine Ahnung von praktischer Kindererziehung – und von theoretischer ebenfalls nicht. Ich bin weder Lehrer noch Erzieher oder Diplom-Pädagoge oder was es sonst noch an Berufen in dieser Richtung gibt. Ich habe noch nicht mal eine abgeschlossene Ausbildung vorzuweisen, nur ein leidlich betriebenes und nie abgeschlossenes Geisteswissenschafts-Studium, bei dem es zu keiner Zeit um Erziehungsfragen ging. Daher kann ich die absolut berechtigte Frage, die Sie sich wahrscheinlich gerade stellen, sehr gut nachvollziehen: Was qualifiziert ausgerechnet diesen Mann dazu, ein Ratgeberbuch zum Thema Erziehung zu schreiben? Die Antwort liegt auf der Hand: rein gar nichts. Bis auf die Tatsache, dass ich selbst mal ein Kind war und mir das Kindsein bis heute so weit wie praktikabel (kindliche Verhaltensmuster sind beispielsweise gerade beim Autofahren nicht unbedingt ratsam) bewahrt habe, legitimiert mich tatsächlich absolut nichts zum Verfassen eines solchen Ratgebers. ABER (natürlich gibt es ein großes Aber, sonst wäre ich ja nicht hier): Zum einen sind mir Kinder grundsätzlich nicht gänzlich fern, denn bei einem Großteil meiner bisher 50 veröffentlichten Bücher handelt es sich um Kinder- und

Jugendbücher und zum anderen kenne ich mich sehr gut mit dem zweiten Aufhänger dieses Buchs, namentlich mit TV-Serien, aus. Ich habe entweder schreibend oder an Schulen vorlesend so gut wie jeden Tag mit Kindern zu tun und ich gucke allabendlich mehrere TV-Serienfolgen – eine unschlagbare Kombination für ein Buch wie dieses. Und, keine Sorge, damit die beruflich-fachliche Kompetenz in Sachen Erziehung hier nicht zu kurz kommt, haben wir mit Diplom-Psychologin Anke Precht eine absolute Fachfrau an Bord, die zudem noch drei Kinder hat.

Sie können sich nun also beruhigt auf die Couch fläzen und sich von diesem Buch unterhalten lassen. Im besten Fall stehen hinterher ein paar neue TV-Serien auf ihrem Must-watch-Zettel und Ihre Kinder blicken einer rosigen Zukunft entgegen, weil sie aufgrund der Tipps in diesem Buch hervorragend erzogen wurden. Ich wünsche Ihnen viel Vergnügen und ... Wie bitte? Sie haben leider keine Zeit, um sich lesenderweise auf die Couch zu fläzen? Weil Ihr vierjähriger Leopold nach Essen schreit? Ach, das ist doch gar kein Problem. Sperren Sie ihn einfach in den Kühlschrank und sagen Sie, er darf erst wieder rauskommen, wenn das Licht wieder angeht. Da ist er sicher, essenstechnisch versorgt und wird gleichzeitig gegen kommende Winter abgehärtet – das kann nie schaden, hat mein Opa immer gesagt, und der muss es wissen, der war in Stalingrad. Also, ab in den Kühlschrank mit Leo. Wie bitte? Sie würden doch lieber erst noch die Meinung von Frau Precht dazu hören? Kein Problem, Moment, ich rufe sie kurz an ... Hm, sie geht nicht dran. Wahrscheinlich ist sie gerade damit beschäftigt, ihre Kinder zu erziehen. Immer im Dienst, die gute Frau, sehr vorbildlich. Das klären wir dann später, ich melde mich, sobald ich sie erreicht habe. Stecken Sie Leo solange ruhig schon mal in den Kühlschrank, ich bin mir sicher, das geht in Ordnung.

So, alles bereit? Ah, Sie haben den Prosecco gleich aus dem Kühlschrank mitgebracht, sehr gut – Kinder sollen ja nicht so viel Alkohol trinken, habe ich gehört. Dann kann's ja losgehen. Ich wünsche Ihnen viel Vergnügen beim Lesen! Und Seriengucken! Und Kindererziehen!

Jochen Till

# 1 Suppenkasper 2.0

*»Aber Schatz, das ist Brokkoli, der ist so gesund!«*
*(Lois Griffin/Family Guy/Staffel 1/Folge 2)*

Wie oft mussten Sie diesen Satz mit wechselnden Nahrungsmitteln schon zu einem Ihrer Kinder sagen und wurden daraufhin angespuckt?

Essen, oder besser gesagt nicht essen, ist immer ein schwieriges Thema. Zumindest war es das bei mir. Ist es auch heute noch. Ich bin das, was man einen schwierigen Esser nennt. Ob ich meine Eltern mit Brokkoli und anderen Gemüsesorten angespuckt habe, weiß ich nicht mehr, aber ich gehe fest davon aus. Meine Tante erzählte mir gerade neulich, dass ich diesbezüglich wohl eine absolute Katastrophe gewesen sein muss und meine Mutter regelmäßig zur Verzweiflung getrieben habe.

Klar, Vorlieben oder spezielle Abneigungen beim Essen hat wohl jeder. Manche kann man mit der bloßen Ankündigung von Meeresfrüchten aus dem Restaurant jagen, andere mögen keine Pilze in der Soße. Es soll ja sogar Leute geben, die süße Nachspeisen verabscheuen (mir absolut unverständlich). Jeder Mensch isst anders, das liegt wohl in unserer Natur. Wobei ich auch ein, zwei Leute kenne, die tatsächlich alles essen, aber das ist doch eher die Ausnahme und mir fast schon suspekt. Ich meine, wie kann einem denn alles schmecken? Muscheln? Schnecken? Innereien? Da stimmt doch was nicht. Dass man als im Garten herumkrabbelndes Baby mal rein aus Neugier eine Schnecke in den Mund nimmt, kann ja durchaus passieren. Aber daraus zu folgern, dass man das gerne öfter und in größeren Mengen hübsch angerichtet auf einem Teller serviert bekommen möchte, erschließt sich mir so gar nicht. Ich meine, wie schafft man es als Eltern, dass das Kind gerne Innereien isst? Meine Eltern sind ja schon mit einem profanen Gulasch an ihre pädagogischen Grenzen gestoßen. Das ist eine der wenigen Kindheitserinnerungen, die sich unauslöschlich in mein Gedächtnis gebrannt hat.

Es war ein Sonntag, wir saßen am Mittagstisch, und es gab Gulasch mit Klößen – auf den ersten Tellerblick ein Grund zu großer Freude, denn ich liebte Klöße, liebe sie heute noch. Der zweite Blick war leider etwas schwieriger. Ich hatte grundsätzlich nichts gegen Gulasch, das Fleisch und die würzige Soße schmeckten mir. Es gab nur ein Problem: Gulasch war eines der heimtückischsten Fleischgerichte, das mir bis dahin untergekommen war.

## Forrest Gumps Mutter

Jawohl, es gibt heimtückische Lebensmittel! Fruchtgummimischungen, zum Beispiel. Da greifst du als Kind blind vor Naschsucht rein, erwartest nichts als den köstlichsten Gummibärchengeschmack und hast plötzlich zum ersten Mal im Leben ein ekliges Stück Lakritz im Mund. Lakritz hat in Fruchtgummimischungen nichts zu suchen, das ist ein Affront gegen jede Art von Fruchtgummi und gehört verboten. Wieso wird so was überhaupt gemacht? Um die Überbestände an verständlicherweise nicht verkauftem Lakritz loszuwerden? Das ist doch … Wie bitte? Sie lieben Lakritz? Nichts dagegen, schön für Sie. Dann kaufen Sie sich doch bitte eine Packung Lakritz und belästigen uns Fruchtgummiliebhaber nicht. Ach so, Fruchtgummi mögen Sie auch? Na, dann müssen Sie eben zwei Packungen kaufen. Wer einen derart exklusiven Geschmack hat, muss dann eben auch mal tiefer in die Tasche greifen. Apropos greifen: Ein weiteres, potenziell heimtückisches Nahrungsmittel sind natürlich Pralinen. Da greift man leckerste Schokoladenhappen erwartend in so eine Packung und auf einmal hat man Schnaps im Mund. Nicht falsch verstehen, ab und zu mag ich Schnaps im Mund sehr gerne – aber nicht in Verbindung mit Schokolade! Das passt für mich überhaupt nicht zusammen. Entweder saufen oder naschen, da bin ich Purist. Das Leben ist wie eine Schachtel Pralinen – man weiß nie, was man kriegt. Vielen Dank auch, Forrest Gumps Mutter. Für mich ist das keine hilfreiche Lebensweisheit, sondern eine bösartige Konsumententäuschung der Pralinenindustrie. Wenn ich verlockend süße Schokolade erwarte, will ich auch verlockend süße Schokolade kriegen, gerne mit dazu passenden Ingredienzien wie Nüssen, Karamell, Krokant oder Marzipan, aber doch bitte nicht mit bitterem Schnaps. Da könnte ich mich jedes Mal maßlos drüber aufregen, wenn ich so eine erwische. Das ist so … Wie bitte? Ja, natürlich, ein wirkliches Drama ist das nicht, es gibt tatsächlich Schlimmeres, da haben sie absolut recht.

Womit wir zurück beim Gulasch wären. Da ist die Heimtücke besonders perfide, weil nicht absichtlich von Menschenhand verursacht. In diesem Fall ist einzig und allein Mutter Natur verantwortlich. Sie gaukelt dir einen verführerisch aussehenden und herrlich duftenden Brocken Fleisch vor, das Wasser läuft dir bereits im Mund zusammen, du spießt ihn auf die Gabel, schiebst ihn zwischen deine Lippen, beißt herzhaft zu und ... kriegst auf der Stelle heftige Würgeanfälle, weil du gerade auf einen ekligen Klumpen reinen Fetts gebissen hast. Das geht für mich gar nicht, auch heute noch nicht. Der Moment, wenn deine Zähne sich in diese glibberige Masse senken und sie auf deinen Gaumen trifft, etwas Ekelerregenderes gibt es nicht, mir wird schlecht, wenn ich nur daran denke. Und das wusste ich an diesem Sonntag bereits, also verweigerte ich die Nahrungsaufnahme.

## Ende der Diskussion!

»Ich ess das nicht«, sagte ich.

»O doch, du isst das«, erwiderte mein Vater. »Das ist gutes Fleisch, das ist gesund.«

»Aber mir wird schlecht, wenn ich das esse.«

»Jetzt stell dich nicht so an. Das wird gegessen.«

»Aber da ist Fett drin.«

»Nein, da ist kein Fett drin. Ich habe beim Metzger extra mageres Fleisch bestellt. Los, iss das jetzt.«

»Aber ich muss brechen, wenn ich das esse.«

»Ach, jetzt übertreib doch nicht immer so. Das ist gutes Gulasch, da muss niemand von brechen. Los, fang an zu essen, sonst wird es noch kalt.«

Ich tat wie mir befohlen. Der Kloßanteil auf meinem Teller wurde stetig geringer, während das Gulasch unangetastet blieb. Ich habe mir noch nie so sehr einen Hund gewünscht, für den ich unauffällig einen

Brocken nach dem anderen unter den Tisch fallen lassen könnte. Hunde scheren sich nicht darum, ob Fett im Fleisch ist, wahrscheinlich lieben sie genau das sogar, keine Ahnung, ich war noch nie ein Hund. Jedenfalls war dicke Fleischbrocken unter den Tisch fallen lassen keine Option, das wäre meiner Mutter spätestens beim nächsten Putzen aufgefallen. Also folgte das Unvermeidliche.

»Hör auf, in deinem Essen herumzustochern«, sagte mein Vater mit Nachdruck. »Iss dein Fleisch.«

»Aber ich will das nicht essen!«, erwiderte ich ebenso nachdrücklich.

»Der Herr Will ist gestorben«, brummte mein Vater. »Du isst dein Fleisch. Und zwar sofort.«

Kennen Sie den vielleicht auch noch, den grundsätzlich verstorbenen Herrn Will? Der wurde bei mir sehr oft als Erziehungsmaßnahme herangezogen. Immer, wenn ich etwas wollte, war Herr Will plötzlich tot. Was mich wenig bis gar nicht berührte, schließlich kannte ich ihn nicht, er war zu Lebzeiten nie mal sonntags zum Kaffeetrinken bei uns vorbeigekommen und unter dem Weihnachtsbaum lag auch nie ein Geschenk von ihm für mich. Dementsprechend interessierte mich das erneute Ableben des Herrn Will in diesem Moment kein bisschen. Alles, was mich interessierte, war, wie ich einen ekligen Klumpen Fett in meinem Mund vermeiden konnte.

»Aber dann muss ich brechen!«, versuchte ich es erneut. »In echt!«

»Jetzt lass ihn doch, Diether«, kam mir meine Mutter zu Hilfe. »Das hat keinen Sinn. Wenn er etwas nicht essen will, kannst du ihn nicht dazu zwingen.«

Sie sprach aus Erfahrung und hatte wahrscheinlich keine Lust, dass ich ihr Sonntagskleid vollspuckte.

»Nein, er muss das jetzt mal lernen«, sagte mein Vater. »In Afrika haben die Kinder gar nichts zu essen, die wären froh, wenn sie so ein leckeres Gulasch kriegen würden.«

Als ob mich damals irgendwelche Kinder in Afrika interessiert hätten. Ich kannte kein einziges davon. Hätte Thomas, der Nachbarsjunge, nichts zu essen gehabt, ich hätte ihm sofort und sehr gerne eigenhändig mein Gulasch rübergebracht.

»Dann schick das Gulasch doch nach Afrika«, motzte ich.

»Jetzt nicht auch noch frech werden, ja?«, erwiderte mein Vater. »Du isst jetzt auf der Stelle dein Gulasch, und zwar jedes einzelne Stück!«

»Aber ich ...«

»Nichts aber! Essen! Sofort! Ende der Diskussion!«

Die angestiegene Lautstärke und der durchdringende Blick meines Vaters ließen erkennen, dass dies tatsächlich das Ende der Diskussion war. Es blieb mir wohl oder übel nichts anderes übrig, als in den sauren Apfel in Fleischform zu beißen. Ich zählte die Stücke, es waren acht. Acht Chancen, an einem Brocken Fett zu sterben. Aber vielleicht hatte ich ja Glück. Ich spießte das erste Stück Fleisch auf die Gabel, atmete tief durch und schob es mir in den Mund. Ein vorsichtiger Biss, das Fleisch zerfiel ohne jeden Widerstand in meinem Mund. Uff!

»Na also«, sagte mein Vater grinsend. »War das jetzt so schlimm?«

Nein, war es nicht. Aber es gab ja noch sieben Möglichkeiten, die es schlimm machen könnten. Ich ging Nummer 2 an. Durchatmen, rein in den Mund, zubeißen. Meine Zähne trafen unmissverständlich auf Fett. Keine kleine Sehne, eine dicke Hauptader. Der Würgereiz setzte sofort ein, ich hörte auf zu kauen und versuchte das Fleischstück so in meinem Mund abzulegen, dass es keinen Kontakt zum Gaumen bekam – jede direkte Berührung könnte fatale Folgen haben.

Mein Vater sah mir mein Dilemma offenbar an.

»Einfach runterschlucken«, sagte er aufmunternd. »Kurz und schmerzlos.«

Daran hatte ich auch schon gedacht. Ich wägte den Brocken in meinem Mund ab. Wäre er klein genug, um ihn mit einem Mal runterzuschlucken? Es könnte klappen, dachte ich, mit ganz viel Flüssigkeit.

Ich griff nach meinem Glas Limo und füllte meinen Mund mit der gelben Brause. Dann schluckte ich. Die Limo war schneller als das Fleisch. Es glitt wabbelig am Gaumen vorbei in Richtung Speiseröhre. Mist, das Stück war doch zu groß. Ich konnte das eklige Fett ganz deutlich spüren. Schnell noch ein Schluck Limo zum Runterspülen. Die Limo weigerte sich, das Fleisch abzutransportieren und schoss einfach daran vorbei. Ich würgte einmal. Und noch mal. Und beim dritten Mal öffneten sich alle Schleusen. Immerhin habe ich es geschafft, nicht auf das Sonntagskleid meiner Mutter zu kotzen – der Sonntagspulli meines Vaters hingegen hatte nicht so viel Glück.

Von diesem Tag an gab es für eine sehr lange Zeit kein Gulasch mehr bei uns. Mittlerweile kann ich es schon essen und sogar genießen, Fett am Fleisch mag ich aber immer noch nicht, sobald ich welches sehe, schneide ich es ab. Was bei meiner zweiten Nahrungsmittel-Nemesis leider nicht geht. Ich habe keine Ahnung, woran das liegt oder wer daran schuld ist, aber ich kriege bis zum heutigen Tag kein Salatblatt hinunter. Ich meine vorrangig diesen klassischen, grünen Salat, das gilt aber auch für alle anderen Salatarten, ich mag nicht einmal Kartoffelsalat. Der grüne ist aber am schlimmsten. Bei meinen Freunden und Bekannten ist mein Verhältnis zu diesem gesunden Grünzeug bereits seit Jahrzehnten ein Running Gag, es werden ständig Salatwitze auf meine Kosten gerissen, aber ich muss ja selbst darüber lachen, das ist schon okay. In den letzten Jahren, mit nunmehr Ü50, entdecke ich immer mehr Lebensmittel, die mir völlig unerwartet plötzlich schmecken oder die ich zumindest essen kann, ohne angewidert mein Gesicht zu verziehen. Rotkraut, zum Beispiel. Oder Spinat. Oder Spargel. Was aber immer noch nicht geht, egal, wie oft ich es versuche, ist Salat, der will einfach nicht über meine Lippen, und das wird wohl in diesem Leben auch nichts mehr mit uns.

## Kulinarische Hingabe

Also, wie kriegt man als Eltern sein Kind dazu, bestimmt Sachen zu essen? Druck hat bei mir nicht geholfen, Bestechung auch nicht. Wie schafft man es, dass Klein-Michi die verhassten Karotten mag? Oder

Blumenkohl. Oder Brokkoli. Oder Menschenfleisch. Verzeihung, das ist mir so rausgerutscht, ich musste gerade an die großartige Serie *Hannibal* denken. Darin dreht sich alles um Hannibal Lecter, den kennen Sie eventuell aus dem preisgekrönten Film *Das Schweigen der Lämmer*. Die Serie beleuchtet seine Vorgeschichte, leider nicht von Kindheit an, sonst würde man vielleicht erfahren, wie er zum Kannibalen geworden ist. Ich meine, der Mann bereitet regelmäßig und mit viel kulinarischer Hingabe Menschenfleisch zu, da fragt man sich doch schon, was Mama und Papa Lecter falsch gemacht haben. Hat er als Baby in seiner Beißphase eventuell mal ein Stück aus Mamis Arm gebissen, festgestellt, dass das ja ganz lecker ist, und beschlossen, fortan nichts anderes mehr zu essen? Und seine Eltern, die ihn schließlich nicht verhungern lassen konnten, wussten sich nicht anders zu helfen, als nach und nach sämtliche Verwandte/Bekannte/Briefträger an ihn zu verfüttern. Ob Hannibal wohl auch Probleme mit Fett im Fleisch hatte?

»Iiih, das ist Gulasch, das mag ich nicht, da ist Fett dran.«

»Da ist kein Fett dran. Wir haben extra die Nachbarstochter dafür genommen, die war magersüchtig.«

»Die will ich aber nicht essen, die war doof!«

»Der Herr Will ist gestorben.«

»Dann kann ich doch den essen!«

»Kannst du nicht, von dem gab's gestern die Reste. Los jetzt, iss dein Gulasch. Sonst kriegst du in Zukunft nur noch Kinder aus Afrika.«

»Menno.«

Ob es tatsächlich an der Erziehung liegt, wenn das eigene Kind zum Kannibalen wird, kann ich schwer einschätzen. Hannibals Eltern haben sonst offenbar viel richtig gemacht, was seine Erziehung betrifft. Er ist gebildet, ein Liebhaber der schönen Künste, stets perfekt gekleidet, drückt sich gewählt aus, ist höflich, verfügt über exquisite Umgangsformen, und wenn er ein paar Leute zum Essen einlädt, sehen die von ihm zubereiteten Gänge stets sensationell aus. Das Auge isst mit. Dass man bei ihm eventuell sogar das Auge mitisst, weiß ja niemand.

Ja, ich weiß, das ist eklig. Aber manchmal mag ich solche Serien, ab und zu darf es gern ein bisschen Horror sein.

**Meine Top 10 der Grusel-Serien:**

1. Stranger Things
2. The Walking Dead
3. Hannibal
4. Santa Clarita Diet
5. Ash vs. Evil Dead
6. True Blood
7. Fear of the Walking Dead
8. iZombie
9. Bates Motel
10. American Horror Story

Ich hoffe, es ist überflüssig, hier extra zu erwähnen, dass Sie diese Serien nicht mit Ihren Kindern zusammen gucken sollten – es sei denn, Sie möchten akut einen bereits seit Stunden anhaltenden, extrem nervigen Albernheitsanfall der Kleinen ruckartig beenden.

Für Erziehungsfragen außerhalb von Apokalypsen sind diese Serien natürlich denkbar ungeeignet, deshalb wenden wir uns lieber den Familien-Sitcoms zu. Was stellen die Eltern dort an, um ihre Kinder zum Essen zu bringen?

## Überrumpelungstaktik

In eingangs erwähnter Folge von *Family Guy* versucht Mutter Lois, den kleinen Stewie davon zu überzeugen, dass Brokkoli gut für ihn ist. Er verweigert verständlicherweise die Nahrungsaufnahme, sie lenkt ihn kurz ab und schiebt den Löffel einfach in seinen Mund. Sollte das etwas die Lösung sein, eine schlichte Überrumpelungstaktik? Nein, so einfach ist es leider nicht. Stewie spuckt den Brokkoli wieder aus und macht sich sofort an die Entwicklung einer Schlechtwettermaschine, die weltweit sämtliche Brokkoli-Ernten vernichten soll. Nun haben die meisten hier höchstwahrscheinlich keinen hochbegabten Zeichentrickjungen, dem es nach Weltherrschaft dürstet, aber auch echte Kinder müssen keine Genies sein, um die Überrumpelungstaktik rasch zu durchschauen.

Mit einem Klassiker der Kindererziehung versucht es Jay Pritchett in einer *Modern-Family*-Episode (Staffel 5, Folge 22). Als sein Ziehsohn Manny sich weigert, sein Sandwich zu essen, weil es von einer sauren Gurke berührt wurde, greift Jay durch. Manny muss so lange sitzen bleiben, bis er die saure Gurke wenigstens probiert hat. Dummerweise kriegt Mannys Mutter Gloria das mit und verfügt, dass Jay ebenfalls so lange sitzen bleibt, bis er die kolumbianische Blutwurst seiner Schwiegermutter probiert, was er bislang stets vehement verweigert hat. Tja, so kann es gehen, da kriegt man plötzlich die eigenen Erziehungsmethoden zu schmecken. In diesem Fall klappt es sogar, am Ende sieht man, wie Manny sich zum Kühlschrank schleicht und eine saure Gurke futtert. Das funktioniert als Abschlussgag in einer Sitcom natürlich sehr gut, im echten Leben habe ich da allerdings so meine Zweifel.

## Das kleinere Übel

Was hilft also tatsächlich bei einem Kind, wie ich es war? Flüssiggulasch? Brokkoli aus Schokolade? Das wäre doch wirklich eine Lösung! Einfach alle Lebensmittel aus Schokolade herstellen! Dann würde sogar ich Salat essen. Oder Innereien. Oder Schnecken. Egal was. Ich bin dafür. Das ist die perfekte Lös… Wie bitte? Was, wenn jemand keine Schokolade mag? Entschuldigen Sie bitte, aber wenn jemand keine Schokolade mag, dann stimmt mit demjenigen aber ganz gehörig was nicht, da hätten die Eltern bei der Erziehung ja komplett versagt. Wer keine Schokolade mag, geht auch gern zu Hannibal Lecter essen. Wie bitte? Sie hätten gern ernsthafte Lösungen? Ja, ja, Sie haben ja recht. Dann muss ich wohl Frau Precht anrufen, Moment.

»Precht, hallo?«

»Hallo, Frau Precht. Till hier. Hätten Sie einen Moment für mich?«

»Das ist gerade sehr schlecht, ich bereite das Mittagessen für meine Kinder vor.«

»Ach, das hat doch Zeit, so eine Mikrowelle hat doch sicher eine Pause-Taste. Holen Sie sich einen Kaffee und setzen Sie sich, das haben Sie sich verdient.«

Ich höre ein Seufzen.

»Also, worum geht's denn?«, fragt Frau Precht.

»Wir sind quasi schon beim Thema, es geht ums Essen. Wie verhindert man, dass Kinder so werden wie ich?«

»Wie Sie? Das müssen Sie schon etwas präzisieren.«

»Ach so, stimmt, Sie lesen ja gar nicht mit, wenn ich schreibe. Ich bin ein schlechter Esser. Wie verhindert man, dass Kinder schlechte Esser werden?«

»Sie sind ein schlechter Esser? Was mögen Sie denn alles nicht?«

»Wenn ich jetzt anfange, das alles aufzuzählen, können Sie Ihren Kindern das Zeug in der Mikrowelle als Abendessen verkaufen. Die Frage ist vielmehr, wie man es anstellt, dass Kinder Sachen essen, die sie nicht mögen. Hilft es, zum Beispiel, wenn man das Kind wie in der Serie *Modern Family* so lange am Tisch sitzen lässt, bis es aufgegessen hat?«

»Na ja – wenn man den starken Eindruck hat, das Kind isst aus Trotz nicht oder spielt ein Machtspiel, dann ist das ein gutes Mittel. Wenn es genau drei Nahrungsmittel hasst, von denen es sogar kotzen muss, und genau diese platziert man großzügig auf des Kindes Teller und lässt es dann so lange sitzen, bis es aufgegessen hat ... dann sitzt es vermutlich sehr lange. Und es erlebt seine Eltern als unnötig brutal. Zu Recht. Das wird das Vertrauen zu den Eltern nachhaltig schädigen. Dennoch spricht nichts dagegen, das Kind genau diese Dinge gelegentlich probieren zu lassen, ein Mini-Stückchen, damit es herausfinden kann, ob sich der Geschmack nicht inzwischen geändert hat.«

»Wie ist das bei Ihren Kindern? Die essen bestimmt alles, oder?«

»Haha, nein, das wäre schön! Natürlich essen meine Kinder nicht alles. Wie kommen Sie denn darauf?«

»Na ja, ich dachte, Sie sind die Kinder-Expertin, Sie kennen alle Tricks, also sind Ihre Kinder dementsprechend perfekt.«

»Zugegeben, meine sind nah dran. Aber Kinder müssen gar nicht perfekt sein. Und sie müssen auch nicht alles mögen, was auf den Teller kommt. Es ist völlig in Ordnung, wenn ein Kind keine Pilze oder keine Rote Bete mag. Oder keine Bohnen. Oder Petersilie.«

»Iiiiih, Rote Bete, das geht ja gar nicht«, sage ich. »Petersilie mach ich auch immer weg.«

»Aber Bohnen und Pilze sind in Ordnung?«, will Frau Precht wissen.

»Bohnen, ja, die mochte ich schon immer. Pilze hätte ich als Kind nie angefasst, aber mittlerweile esse ich sie auch.«

»Sehen Sie, so schlimm ist es doch bei Ihnen gar nicht, Sie mochten als Kind bereits Bohnen, das ist immerhin Gemüse. Es gibt grundsätzlich auch gar keine Kinder, deren Geschmackssinn bei allem streikt, was grün ist oder Gemüse heißt. Ein Kind, das sehr viele dieser Sachen nicht isst, hat bloß die Erfahrung gemacht, dass auf seine kulinarischen Wünsche zu intensiv eingegangen wird.«

> *Daher wäre mein Appell an alle Eltern:*
> *Mutet euren Kindern ruhig etwas zu.*

»Verstehe. Wenn man als Eltern beim Essen seine Ruhe haben und den Weg des geringsten Widerstands beschreiten will, gibt man den Kindern nur Pommes und Schokolade.«

»Genau. Dann hat man keinen Ärger, dafür aber später adipöse Kinder mit schlechten Zähnen. Die meisten Eltern machen das aber instinktiv richtig, indem sie genau die Sachen auf den Tisch stellen, die sie für das Großwerden des Kindes als notwendig und gesund erachten. Findet man, dass Gemüse eine sinnvolle Sache ist, sollte es auch täglich welches geben. Es bietet sich an, zwei verschiedene Sorten Gemüse, z. B. Brokkoli und Blumenkohl, auf den Tisch zu stellen. Das Kind darf sich dann für das kleinere Übel entscheiden. Das ermöglicht ihm die Erfahrung, dass Essen kein Wunschkonzert ist. Aber es hat in den bestehenden Grenzen eine Wahl.«

»Zwischen Pest und Cholera.«

»Sie mögen weder Blumenkohl noch Brokkoli?«

»Doch, mittlerweile schon. Aber als Kind hätte ich das Zeug nicht mit der Kneifzange angefasst, geschweige denn in den Mund genommen.«

»Und wie haben Sie das vermieden?«

»Keine Ahnung. Ich nehme an, ich habe meinen Eltern das Zeug an den Kopf geworfen.«

»Effektiv, aber nicht besonders kreativ. Da haben andere raffiniertere Methoden. Kinder sind im Allgemeinen ja sehr schlaue Wesen. Sie essen erst das Schnitzel, dann die Kartoffeln, und wenn nur noch der Blumenkohl übrig ist, sind sie angeblich pappsatt. Sie kriegen beim geschworen besten Willen keinen weiteren Bissen mehr hinunter und der Blumenkohl ist eben doch nicht gegessen.«

»Okay, sehr geschickt. Für ein Kind. Aber das durchschaut man als Eltern doch spätestens beim dritten Mal.«

»Natürlich. Und dann gibt es das Gemüse einfach abends noch mal, vor dem Käsebrot. So lernen Kinder schnell, sich auch an Lebensmittel zu gewöhnen, die auf den ersten Blick nicht zum Lieblingsessen taugen. Und in der Familie kommt es nicht zum Krieg am Tisch.«

»Das klingt schlüssig.«

»Und es hat noch einen Vorteil. Wenn Kinder gute Esser sind, bleiben sie gesellschaftsfähig und werden von anderen Familien eingeladen. Denn wer will schon ein Kind zu Gast zu haben, das grundsätzlich nichts isst, was grün ist oder Gemüse heißt? Oder das Spiegelei nur dann, wenn der Dotter unbeschädigt ist. Oder ein Brot nur ohne Rinde und mit Wurst drauf. Solche Kinder gibt es zuhauf. Aber das muss nicht sein. Kein Kind muss Brokkoli essen, aber Gemüse essen, ja, das muss es. Und dank Tiefkühl-Gemüse ist der Aufwand für eine kleine Auswahl auch nicht allzu groß und selbst mit kleinem Zeitbudget zu schaffen. Oh, apropos Zeit, ich muss mich jetzt wirklich ans Mittagessen machen.«

»Machen Sie das, von meiner Seite aus war's das auch für heute, vielen Dank. Was gibt's denn Leckeres?«

»Gemüseauflauf mit einem kleinen Endiviensalat vorab. Und zum Nachtisch eine frische Grapefruit.«

»Tun Sie mir bitte einen Gefallen und laden Sie mich nie zu sich nach Hause zum Essen ein?«

»Kein Problem, sehr gern!«

Wir verabschieden uns. Gemüseauflauf mit Endiviensalat und nichts Süßes als Nachtisch? Das ist doch keine Mahlzeit, das ist eine Foltermethode. Die armen Kind… Wie bitte? O ja, stimmt, der kleine Leo im Kühlschrank. Verzeihung, das habe ich jetzt total vergessen zu fragen. Wir Schriftsteller können uns beim Schreiben immer nur auf eine Sache konzentrieren, nämlich aufs Schreiben. Aber das ist ja nicht schlimm, ich frage Frau Precht einfach beim nächsten Mal. Sie können ihm ja vorsichtshalber eine Jacke bringen. Wie bitte? Ja, ich schreibe es mir auf. Ja, jetzt gleich, versprochen. Ich muss nur zuerst noch eine Tafel Schokolade essen, dieses Kapitel hat irgendwie Hunger gemacht.

 **Abspann**

Die klassische Überrumpelungstaktik bei ungeliebten Lebensmitteln ist selten von Erfolg gekrönt. Erfolgversprechender ist es, das Kind (innerhalb gewisser Grenzen) vor die Wahl zu stellen, sodass es verschiedene Arten von Geschmack kennenlernt und nicht grundsätzlich Extrawünsche hat.

# 2 Kleine Klugscheißer

*»Gepflegter Rasen, geplante Aktivitäten, frühes
Abendessen – was braucht ein Kind sonst?«
(Manny Delgado/Modern Family/Staffel 4/Folge 24)*

Der Junge, der das sagt, ist 15 und hält sich gerade in einer Senioren-wohnanlage auf. Ganz schön precocious. Ich benutze das englische Wort, weil ich es zum einen sehr schön finde und es zudem gleich zwei deutsche Bedeutungen hat, die eng miteinander verknüpft sind. Precocious steht für altklug und gleichermaßen für frühreif, das eine bedingt sehr oft das andere, zumindest in der Außenwahrnehmung.

Kennen Sie sicher, altkluge Kinder, die mit sechs bereits erwachsener tun, als es auszuhalten ist. Oder Teenager, die glauben, alle Weisheit mit Löffeln gefressen zu haben und von morgens bis abends klug-scheißen, als stünden sie kurz vor der Rente. Das erzeugt bei mir im-mer den Homer-Simpson-Drang, diese Kinder einfach mal kurz zu würgen und dabei kräftig durchzuschütteln, was pädagogisch sicher-lich falsch, als persönliches Druckablassventil aber unbestreitbar sehr hilfreich wäre. Und das hört ja bei manchen Menschen auch nicht auf, wenn sie erwachsen sind. Dann sind sie zwar tatsächlich alt, aber lei-der immer noch nicht wirklich klüger und man findet keinen Grund mehr, um die unerträgliche Klugscheißerei zu entschuldigen.

Mir wird ja manchmal, wenn auch wirklich nur ganz selten, ebenfalls nachgesagt, ein kleiner Klugscheißer zu sein, wobei mir dafür eigent-lich jedes spezifische und fundierte Wissen fehlt. Ich gehöre nämlich zu der Sorte Mensch, die von vielen Dingen ein bisschen, aber von nichts so richtig Ahnung hat. Nehmen wir zum Beispiel das Thema TV-Serien. Ich kenne sehr viele Serien, von denen ich unzählige Folgen gesehen habe, mit Sicherheit wesentlich mehr als der Durchschnitts-bürger. Wenn ich mich also mit dem für Statistiken gern herangezoge-nen Hans Mustermann über TV-Serien unterhalten würde, würde er mich höchstwahrscheinlich als Klugscheißer bezeichnen. Aber hätten Sie mich vor diesem Kapitel gefragt, in welcher Folge Manny Delgado den zitierten Satz äußert, ich hätte es nicht sagen können, das musste ich erst recherchieren. Klugscheißen liegt also auch immer im Auge des Betroffenen.

Es gibt Serienfans, die können einem jeden einzelnen Folgentitel samt Erstausstrahlungsdatum aufsagen, wissen ganz genau, welcher Cha-rakter wann und wo zum ersten Mal in Erscheinung getreten ist und was er oder sie dabei anhatte, oder wissen mehr über die Technik von imaginären Raumschiffen als jeder Raumfahrtexperte. Wenn ich mit jemandem spreche, der von *Star Trek* nicht den blassesten Schimmer hat, wird er mich definitiv für einen Trekkie halten (so werden echte *Star-Trek*-Nerds genannt), obwohl ich nicht viel mehr als die einzelnen Serien und die jeweiligen Kapitäne benennen kann. Ich liebe *Star Trek* und habe tatsächlich jede Folge jeder Serie aus diesem Universum gesehen, aber ob da nun das Raum-Zeit-Kontinuum stimmt oder irgendeine Alienrasse früher anders aussah, ist mir schnurzpiepegal, darum geht es mir nicht. An Serien interessieren mich die erzählten Geschichten und die Charaktere, ob nun außerirdisch, der Mafia zugehörig oder altkluge Kleinkinder. Wer bei welcher Folge Regie geführt oder den dritten Roboter von links gespielt hat, das Wetter bei den Dreharbeiten, das alles muss und will ich gar nicht wissen und deshalb bin ich im Zweifelsfall ein lausiger Klugscheißer.

**Meine Top 6 aller Star-Trek-Kapitäne und -Serien:**

1. Jean-Luc Picard (Raumschiff Enterprise – Das nächste Jahrhundert)
2. Benjamin Sisko (Star Trek: Deep Space Nine)
3. James T. Kirk (Raumschiff Enterprise)
4. Christopher Pike (Star Trek: Discovery)
5. Jonathan Archer (Star Trek: Enterprise)
6. Kathryn Janeway (Star Trek: Raumschiff Voyager)

Wie bitte? Janeway nicht auf den letzten Platz? Voyager auf Platz 2? Nie im Leben! Das war sterbenslangweilig! Was? Keine Ahnung? Ich? Da sind wir ausnahmsweise einer Meinung. Ja, ja, Sie haben recht und ich hab meine Ruhe.

## Vehementes Beharren

Das ist ja mit das Nervtötendste an diesen Klugscheißern, sie müssen immer recht haben. Ich habe zugegebenermaßen auch sehr gerne recht, wenn ich etwas behaupte. Es ist schön, recht zu haben, das bedeutet, man hat etwas richtig gewusst, das mag ich. Aber ich breche mir auch keinen damit ab einzugestehen, wenn ich einmal nicht recht hatte, was hin und wieder tatsächlich vorkommt. Der Weg zu dieser Einsicht ist oftmals zwar sehr holprig und mit vehementem Beharren auf der eigenen Überzeugung gepflastert, aber wenn der Beweis meines Nicht-Rechthabens erbracht ist (was heutzutage meistens Google erledigt), habe ich kein Problem damit, es mir und allen Beteiligten kleinlaut einzugestehen.

Es kommt bei Klugscheißern ja auch immer darauf an, wie sie ihr Wissen kundtun. Nicht jeder, der viel weiß, ist automatisch ein Klugscheißer. Mein bester Freund weiß zum Beispiel ganz viel über Musik, also, übers Musikhören, nicht selbst machen. Musik liebe ich ja noch viel mehr als Serien. »Music was my first love and it will be my last.« Kennen Sie vielleicht, das Lied, trifft auf mich zu 100 Prozent zu. Aber während ich jetzt schon wieder nachgucken musste, von wem das gleich noch mal war, hätte mein bester Freund mir höchstwahrscheinlich sofort erzählt, dass es 1976 zum ersten Mal erschienen ist, auf dem Album *Rebel* von John Miles. Dass es in England neun Wochen in den Charts mit einer Bestplatzierung auf 3 war und von Alan Parsons produziert wurde, hätte ich als Information gleich dazugeliefert bekommen. Dies alles hätte er mir erzählt, nicht, um mit seinem Wissen zu prahlen, sondern, weil er sich für solche Details und Zusammenhänge einfach interessiert, das gehört für ihn untrennbar mit zur Musikleidenschaft. Mir genügt die Musik an sich, ich muss selbst nicht wissen, wer wo auf welcher Platte mit wem zusammengespielt hat und wann genau sie erschienen ist, das ist mir einfach zu unwichtig. Aber er schafft es, diese Informationen auf eine beiläufige, gänzlich unprätentiöse und kein bisschen klugscheißerische Art und Weise an den Mann zu bringen.

## Queen Altklug

Altkluge Kinder sind leider alles andere als unprätentiös, sie posaunen ihre Altklugheit bei jeder Gelegenheit in die Gegend, was tödlich nerven kann, denn sie sind dabei nur äußerst selten so süß oder lustig wie Serienkinder. In fast jeder Serienfamilie ist so ein kleines Klugscheißerkind dabei, sie sind ein sehr willkommener Anlass für witzige

Szenen. In den meisten Sitcoms wird es ja immer dann lustig, wenn sich entweder Erwachsene wie Kinder oder eben Kinder wie Erwachsene verhalten. Und in der zweiten Kategorie gibt es eine unbestrittene Königin, sozusagen die unbestrittene Queen Altklug der Serienhistorie, namentlich die kleine Michelle aus *Full House* – altklüger und süßer gleichzeitig geht nicht. Wobei das natürlich nur funktioniert, weil sie ein Serienkind ist. Im echten Leben würde einem das Lachen wahrscheinlich sehr schnell vergehen, wenn man mehr als 22 Minuten mit einer Michelle verbringen und sich rund um die Uhr Sprüche wie »Du kriegst 'ne Menge Ärger, Mister!« von einer Dreijährigen anhören müsste.

## Angsteinflößende Mini-Gangster

Es gibt aber auch altkluge Serienkinder, bei denen die Altklugheit gerechtfertigt und nicht nur aus der Notwendigkeit für Witze entstanden ist. In *Young Sheldon* geht es zum Beispiel um die Kindheit von Sheldon Cooper (*The Big Bang Theory*), der als Kind bereits hochintelligent ist und somit gar nicht anders kann, als altklug zu sein. Dort besteht der Witz darin, dass er tatsächlich viel mehr weiß als der Rest seiner Familie, dafür aber auf sozialer Ebene völlig inkompetent ist. Das zieht sich bei Sheldon bis ins Erwachsenenalter und ist dort natürlich ebenso witzig – oder nervig, das ist Ansichtssache. Zusammenwohnen möchte ich mit einem Sheldon nicht unbedingt, aber als Sitcom-Charakter ist er einzigartig komisch und einer meiner Lieblinge.

Mein absolutes Lieblings-Altkug-Kind in einer Serie ist allerdings Shane Botwin aus *Weeds*. In *Weeds* geht es auch um eine Familie, allerdings ist es keine Sitcom. Witzig ist es trotzdem, nur fällt der Humor etwas böser aus. Shane ist der zweitälteste Sohn von Nancy Botwin. Anfangs ist er der typische, leicht verklemmte Teenager-Nerd, was sich aber im Laufe der Serie schnell und drastisch ändert. Wenn die eigene Mutter aus Geldmangel ins Drogengeschäft einsteigt, muss man eben etwas schneller erwachsen werden. Und das wird Shane. So erwachsen, dass man Angst vor ihm kriegen kann. Mehr möchte ich an dieser Stelle nicht spoilern – es gibt jedenfalls etliche Shane-Momente, bei denen einem die Kinnlade herunterklappt und nicht so schnell wieder zugeht.

Bleibt nur die Frage, wie man verhindert, dass die eigenen Kinder zu unerträglichen Nervensägen oder angsteinflößenden Mini-Gangstern werden. Klar, man sollte nicht ins Drogengeschäft einsteigen, so viel steht fest. Aber was macht man mit einer kleinen Michelle, die zwar harmlos und süß ist, einen aber mit ihrer Altklugheit zur Verzweiflung treibt? Regelmäßige Ohrfeigen sind sicher nicht die Lösung. Selbst ich weiß, dass man Kinder niemals schlagen sollte. Wie bitte? Nein, auch nicht mit Boxhandschuhen. Nein, Waterboarding ist ebenfalls nicht erlaubt. Ich sehe schon, ein paar professionelle Tipps wären an dieser Stelle wohl angebracht. Am besten, ich rufe gleich mal Frau Precht an, Moment.

## Gummibärchen

»Ja, Precht.«

»Hallo, Frau Precht. Till hier. Störe ich?«

»Nein, überhaupt nicht. Die Schule hat heute wieder angefangen, mir geht es dementsprechend bestens. Niemand, der etwas von mir will, kein nervendes Gequengel, keine permanente Verpflichtung zur Bespaßung, Sie glauben gar nicht, wie gut diese Ruhe nach sechs Wochen Sommerferien tut.«

»Doch, glaube ich, ich habe diese Ruhe nämlich immer und bin deshalb grundsätzlich tiefenentspannt. Aber apropos nervendes Gequengel, da wären wir ja direkt beim heutigen Thema.«

»Das heutige Thema heißt nervendes Gequengel?«

»Nein, nicht ganz, aber es geht um nervende Kinder. Um altkluge nervende Kinder, um genau zu sein. Ich möchte von Ihnen gerne wissen, wie man verhindert, dass sich die eigenen Kinder zu unerträglichen Klugscheißern entwickeln.«

»Oh ja, das ist natürlich ein sehr lästiges Problem. Gerade Einzelkinder oder die Ältesten in einer Geschwisterreihe geraten gelegentlich in diese Phase. Die perfekte Strategie, um sie zu vermeiden: Kinder mit Kindern umgeben und möglichst selten in der alleinigen Obhut von Erwachsenen lassen. Kinder lernen immer am Vorbild. Sind sie also sehr viel in Gesellschaft von vernünftigen Erwachsenen, und das ist bei den Erstgeborenen und bei Einzelkindern verstärkt der Fall, dann versuchen sie eben auch, vernünftig zu reden.«

»Ich bin auch ein Einzelkind, aber ich war nie altklug.«

»Woher wissen Sie das?«

»Ich habe meine Tante gefragt. Eltern könnten in diesem Fall ja voreingenommen sein und solche Sachen beschönigen. Aber meine Tante ist eine ehrliche Haut und sehr direkt, war sie schon immer. Sie hat gesagt, ich sei schon als Dreijähriger äußerst pfiffig und stets cool gewesen, aber nie altklug.«

---

*»Ich bin auch ein Einzelkind,*
*aber ich war nie altklug.«*

---

»Gut für Ihre Verwandtschaft. Dann haben Ihre Eltern ja vielleicht den zweiten Risikofaktor für eine Altklug-Phase vermieden. Der besteht darin, seinem kleinen Kind immer wieder zu erläutern, warum man etwas tut. Dann lernen Kinder an diesem Beispiel und beginnen ebenfalls alles zu erklären – auch wenn sie keine Ahnung haben. Warum ein Apfel gesünder ist als ein Gummibärchen, kann ein Fünfjähriger noch nicht verstehen. Ihm das klarmachen zu wollen führt zwangsläufig dazu, dass auch der Kleine anfängt, kluges Zeug zu reden, das er nicht versteht.«

»Ein Apfel ist gesünder als ein Gummibärchen? Ist das wissenschaftlich erwiesen? Auch Fruchtgummis?«

»Ja, ich bin mir ziemlich sicher, dass das wissenschaftlich erwiesen ist«, sagt Frau Precht lachend. »Aber genau mit solchen Argumenten sollte man Kindern nicht kommen, wenn sie nicht altklug werden sollen. Viel besser ist es, die kindliche Vorstellungskraft und Emotionen für die Überzeugung zu nutzen. Man könnte es zum Beispiel folgendermaßen erklären: »Weißt du, da wohnen diese kleinen Männchen in deinem Bauch. Und die lieben Äpfel und auch anderes Obst. Jedes Mal, wenn du einen Apfel isst, freuen die sich wie verrückt! Sie jubeln und hüpfen vor Freude und tanzen und singen. Aber Gummibärchen vertragen sie nicht. Davon kriegen sie nicht nur Bauchweh, ihnen wird sogar ganz schrecklich schlecht, bis sie sich krümmen und ganz schrecklich kotzen müssen ...« So etwas in der Art. Die Eltern sollten diese Geschichte körpersprachlich begleiten und die Bilder ausschmücken und jedes Mal, wenn das Kind einen Apfel isst, verstärken. »Wow, da freuen sich die Männchen im Bauch ja richtig! Was machen die denn gerade?« Wenn das Kind jetzt auf den Zug aufspringt, dann haben die Eltern gewonnen. Und ein gutes Argument, keine Gummibärchen im Haus zu haben. Vor allem aber bleiben die Eltern so von einer Altklug-Phase verschont. Die ist nämlich unerträglich.«

»Ich finde es eher unerträglich, keine Gummibärchen im Haus zu haben.«

»Sie sind ja auch schon erwachsen, da ist das erlaubt.«

»Bin ich das?«

»Na ja, zumindest körperlich. Für die Bewahrung eines kindlichen Gemüts sind Gummibärchen aber sicherlich auch zuträglich.«

»Gut zu wissen. Aber um aufs Thema zurückzukommen: Was machen denn Eltern, wenn es für die Prophylaxe schon zu spät ist und sie bereits eine altkluge Nervensäge im Haushalt haben?«

»Dann gebührt ihnen erst mal mein Beileid und ich hätte folgenden Tipp für sie: Ist es bei einem Kind schon zu spät und es steckt mittendrin in solch einer Phase, sollten Eltern die altklugen Geschichten am besten ignorieren. Am besten sie tun so, als hätten sie ihr Kind gar nicht gehört, während sie auf andere Gesprächsangebote begeistert eingehen. Geben sie den altklugen Aussagen Energie, indem sie erklären und diskutieren, hält im schlimmsten Fall die Altklug-Phase lebenslang an, mit den bekannten Schäden für das Kind: wenig Freunde in der Schule, Streber-Image und so weiter.«

»Noch ein Beweis dafür, dass ich nicht altklug war – ich hatte immer viele Freunde und alles andere als ein Streber-Image.«

»Gut für Sie. War's das dann? Ich würde gern noch ein bisschen die Ruhe genießen, bevor die Kinder aus der Schule kommen.«

»Ja, kein Problem, dann will ich nicht länger stören. Irgendwas war noch, aber das hat sicher Zeit, Ihre Ruhe ist jetzt wichtiger. Wenn ich in der Nähe wäre, würde ich Ihnen ein paar Gummibärchen vorbeibringen, damit entspannt es sich noch viel besser.«

»Das ist lieb, aber es geht auch ohne. Hauptsache Ruhe.«

Wir verabschieden uns noch und legen auf.

Die hat es gut, die Frau Precht. Kann jetzt einfach mal so entspannen, während ich brav weiterschreiben muss. Wobei, muss ich ja gar nicht. Ich habe ja keinen Chef, der mir eine kleine Pause verbieten könnte. Habe ich eigentlich noch Gummibärchen? Muss ich gleich mal … Wie bitte? Oh, Mist, jetzt hab ich das doch tatsächlich schon wieder vergessen! Wie, was macht er? Er hat Ihre sämtlichen Proseccovorräte im Kühlschrank leer getrunken und singt jetzt unaufhörlich »Ich möchte ein Eisbär sein!«? Wie cool! Da können Sie echt stolz sein! Andere Kinder würden in dieser Situation wahrscheinlich Helene-Fischer-Lieder zum Besten geben. Was? Nein, da kann nichts passieren. Sie wissen ja, wo er ist. Und jetzt hören Sie ihn auch. Ja, natürlich frage ich Frau Precht, wenn ich sie das nächste Mal anrufe. Ja, versprochen. Ich brauche nur erst mal eine kurze Pause. Und Gummibärchen!

 **Abspann**

Im echten Leben findet es im Gegensatz zur Serienwelt kaum jemand lustig oder sympathisch, von einem Kind zurechtgewiesen zu werden. Wenn Sie einen angehenden Klugscheißer zu Hause haben, gilt: weniger erklären und mehr Platz für Fantasie lassen.

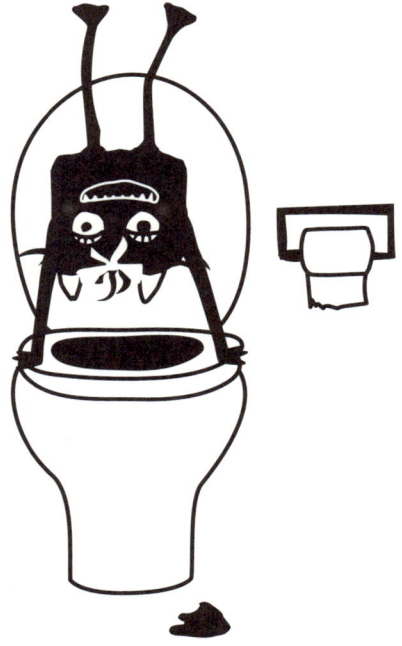

# 3 Kacka gemacht!

*»Und wenn du die Kacki zu lange in dir behältst,
dann kommt sie aus deinem Mund.«
(Greg Short/Life in Pieces/Staffel 3/Folge 5)*

Nein, keine Sorge, Sie können beruhigt weiterlesen, in diesem Kapitel geht es nicht um irgendwelche abartigen Sexualpraktiken. Den eingangs zitierten pädagogisch sowie anatomisch alles andere als korrekten Satz äußert Greg Short, weil er seine Tochter Lark dazu bringen möchte, das Töpfchen zu benutzen. Es pressiert, da Lark am nächsten Morgen ihren ersten Tag in einer exklusiven Kindertagesstätte absolviert, deren Aufnahmebedingungen allerdings verlangen, dass die Kinder windelfrei sind. Da man bei der Bewerbung gelogen und die Umgewöhnung prokrastiniert hat, muss es nun schnell gehen, aber die kleine Lark weigert sich vehement. Nachdem gutes Zureden und eklige Drohungen nicht helfen, versucht man es mit der Fütterung von Trockenpflaumen. Und siehe da: Schließlich setzt sich Lark doch aufs Töpfchen, allerdings auf das für Erwachsene, welches mittlerweile aber dringend von Papa Greg benötigt wird, denn er hat die Trockenpflaumen ebenfalls verköstigt. Dies führt zu einer grandios witzigen Szene, die ich an dieser Stelle aber nicht spoilern möchte.

## Dieser natürliche Vorgang

Wie das damals bei mir mit der Umstellung von Windel auf Töpfchen war, weiß ich beim besten Willen nicht mehr, ich möchte aber davon ausgehen, dass es reibungslos verlief. Wobei sich der Mensch an sich ja grundsätzlich schwertut mit Veränderung. Wieso etwas ändern, das jahrelang gut funktioniert hat? Als Kleinkind ist so eine Windel schon praktisch. Nie lange anstehen. Keine horrenden Toilettenpreise an Raststätten berappen und zu Hause feststellen, dass man vergessen hat, den Wertbon einzulösen. Kein bis zur Schmerzgrenze drückendes Einhalten, weil man sein Geschäft lieber zu Hause erledigt. Einfach machen, egal wann und wo, und die Entsorgung einfach den nächsten Verwandten überlassen, das hat schon seine Vorteile. Aber da nun mal mit dem eigenen Körper auch der Windelinhalt wächst, ist das natürlich keine Dauerlösung, irgendwann muss man sich den veränderten Bedingungen anpassen. Außerdem ist dieser natürliche Vorgang ja auch einer, den man lieber privat und ohne Beteiligung anderer vollzieht, zumindest ist das bei mir so – bei meiner Herzallerliebsten zum

Glück auch. Es soll ja Paare geben, die kein Problem damit haben, wenn sie während des Zähneputzens ihrem Partner beim Kacken zugucken können. Das soll selbstverständlich jeder nach seiner Fasson handhaben, aber meine Süße und ich möchte auf dem Abort doch lieber jeweils unbeobachtet bleiben – andernfalls könnte es mir eventuell auch schwerfallen, sie mit den entsprechenden Bildern im Kopf weiterhin Süße zu nennen. Sorry, aber ich bin bekennender Romantiker, das verbietet mir meine Religion. Aber lassen Sie sich von mir nicht aufhalten, wie gesagt, das soll jeder so machen, wie er möchte, solange ich nicht dabei zugucken muss.

## Der Kult ums Klo

Was ich ja gleichfalls nicht nachvollziehen kann, ist dieses männliche Zelebrieren des eigenen Stuhlgangs. Nicht wenige meiner Geschlechtsgenossen machen ein Bohei um ihre Fäkalienentsorgung, als würden sie bei der Olympiade antreten. Klar, für viele ist das die einzige Betätigung, die sie jahrelang trainiert haben. Das rechtfertigt für mich aber noch lange nicht den Kult, den manche Männer um ihr Bedürfnis betreiben. Da werden beim Kauf einer neuen Toilette oftmals mehr Entscheidungen abgewägt als bei der Anschaffung eines neuen Autos. Nehme ich nun eine Luxus-Wand-Hänge-Toilette oder ein spülrandloses Stand-WC? Den Spülkasten vergoldet oder lieber dezent in der Wand versenkt? Ist diese Sitzheizung auch wirklich energieeffizient? Ja, selbstreinigend wäre gut.

Und dann verbringen sie auch noch Ewigkeiten auf ihrem Keramik-Refugium. Das ist das, was ich am wenigsten nachvollziehen kann. Ich meine, so toll ist es da nicht. Da gehe ich hin, wenn ich es eben muss, und verbringe so wenig wie möglich Zeit dort. Es nervt mich ja schon, wenn das mal länger als fünf Minuten dauert, ich habe echt Besseres zu tun, als da stundenlang blöd rumzuhocken. Das würde ich noch nicht einmal machen, wenn dort ein Fernseher hinge und ich Serien gucken könnte, dann hätte das wenigstens noch einen gewissen Unterhaltungswert. Aber so … Wie bitte? Sie lesen auf der Toilette? Ja, ich weiß, das machen viele, manche Leute haben sogar eigene kleine Klo-Bibliotheken eingerichtet.

Das habe ich auch nie verstanden. Wenn ich lesen möchte, mache ich es mir auf der Couch gemütlich, da kann ich mich dann auch gebührend auf die Lektüre konzentrieren. Aber es gibt Männer, die gehen auf Toilette und kommen erst wieder raus, wenn sie gefühlt Krieg und Frieden fertiggelesen haben, auch, wenn es tatsächlich nur die Bild am Sonntag war. Und wenn sie dann erst mal wieder draußen sind, erläutern sie einem auch noch die Konsistenz ihrer soeben versenkten Hinterlassenschaften. Nein, das ist leider kein Witz, das habe ich schon sehr oft erlebt, vor allem in Kneipen – aber immer nur von Männern. Frauen machen das nicht. Oder ich habe es bisher bloß nicht mitgekriegt, was ich ganz sicher nicht als Verlust betrachte. Auch, wenn ich überzeugter Feminist und absolut für die Gleichstellung jeglicher Geschlechter bin: Es gibt da ein paar männliche Unarten, die, liebe Frauen, bitte keiner Gleichstellung bedürfen.

Mir fällt gerade auf, dass ich noch gar keine Top-Liste hier untergebracht habe. Was hatten wir denn noch nicht? Ach ja, nehmen wir doch einfach mal die Sitcoms, in denen keine Familien im Mittelpunkt stehen. Könnte ja sein, dass jemand nach einem anstrengenden Tag voller Kindererziehung nicht auch noch welche im Fernsehen sehen möchte.

**Meine Top 10 der kinderfreien Sitcoms:**

1. Seinfeld
2. Lass es Larry!
3. The Big Bang Theory
4. My Name is Earl
5. Louie
6. 30 Rock
7. Friends
8. Das Büro
9. Frasier
10. Cheers

Lösungen für das Problem, wie man Kleinkinder dazu bringt, das Töpfchen zu benutzen, bieten diese Serien natürlich nicht. Also zurück zu den Familien-Sitcoms.

## Ein Korken?

Bei der eingangs erwähnten kleinen Lark aus *Life in Pieces* wurde einfach der Darm mit Trockenpflaumen ausgetrickst, aber wenn das buchstäblich in die Hose geht, hat man auch nicht unbedingt Spaß. Jay Pritchett aus *Modern Family* (Staffel 6, Episode 12) versucht es bei seinem Sohn Joe mit gutem Zureden und Sprüchen wie »Mach Regen!« sowie einer Ständig-beobachten-Taktik, kommt aber nicht sehr weit damit. Letztendlich setzt Joe sich in einem unbeobachteten Moment einfach von allein aufs Töpfchen, der ganze Aufwand war also umsonst, wenn auch sehr unterhaltsam.

Die unvermeidliche Michelle aus *Full House* (Staffel 2, Episode 5) bekommt von ihrem Vater sogar ein japanisches Designer-Töpfchen samt Ich-bin-fertig-Klingel, zeigt sich aber die komplette Folge über gänzlich unbeeindruckt davon. Kurz vor Schluss klingelt es dann und die gesamte Familie eilt zu Michelle, die sich ebenfalls ganz allein dafür entschieden hat, das Töpfchen zu benutzen.

Sollte es etwa tatsächlich so einfach sein? Einfach nur abwarten, bis sich die Kinder von selbst dafür entscheiden? Klar, das ist durchaus eine Möglichkeit, Glück kommt zu denen, die warten. Aber was, wenn ein Kind nicht von selbst darauf kommt und mit 13 noch in Windeln rumläuft, weil es sie einfach praktisch findet? Kann man diesen Vorgang als Eltern irgendwie unterstützen oder gar beschleunigen? Und wenn ja, wie? Eine Woche mit einem Sack Haferflocken und Trockenpflaumen nackt ins Bad sperren? Die komplette Wohnung kacheln? Ein Korken als Übergangslösung? Ach, all dieses wilde Spekulieren bringt uns ja doch nicht weiter, ich rufe am besten gleich Frau Precht an, Moment.

## Jubelstürme!

»Precht, hallo?«

»Hallo, Frau Precht. Till hier. Hätten Sie kurz Zeit für mich?«

»Äh … Na ja … wissen Sie … das ist im Moment etwas ungünstig … Ich sitze gerade …«

»Auf der Toilette? Aber das muss Ihnen doch nicht peinlich sein.«

»Nein, ich sitze nicht auf der Toilette. Ich kriege nur gerade eine Fußpflege, das gönne ich mir einmal im Monat. Ich telefoniere doch nicht auf der Toilette. Wer macht denn so was? Nehmen Sie etwa Ihr Telefon mit auf die Toilette?«

»Öh … Manchmal schon, wenn ich einen wichtigen Anruf erwarte.«

»Und dann führen Sie dieses wichtige Gespräch, während Sie … Sie wissen, was ich meine.«

»Das passiert zwar nur sehr selten, ist aber schon vorgekommen. Selbstverständlich gebe ich mir dann extra viel Mühe, damit es der andere Teilnehmer nicht mitkriegt.«

»Sehr rücksichtsvoll. Trotzdem finde ich das irgendwie … unhöflich. Wenn ich mit jemandem telefoniere, möchte ich doch noch nicht mal vermuten, dass derjenige gerade … Sie wissen schon. Haben Sie mit mir etwa auch schon telefoniert, während Sie auf der Toilette saßen?«

»Nein, natürlich nicht. Ich rufe ja immer an, das ist doch etwas anderes. Ich würde nie jemanden aus der Toilette anrufen. Aber wenn mich jemand anruft und ich das Telefon dabeihabe, gehe ich schon dran.«

»Gut zu wissen. Dann werde ich es möglichst vermeiden, Sie anzurufen.«

»Das ist ja auch normalerweise nicht nötig. Aber Sie können jetzt gerade nicht telefonieren, weil Ihre Füße gepflegt werden? Darf ich fragen, warum? Weil das so kitzelt? Ich kenne mich da nicht aus, ich hatte noch nie eine Fußpflege.«

»Dann sollten Sie das unbedingt einmal versuchen, das ist göttlich. Aber es liegt nicht am Kitzeln. Ich dachte nur ... Na ja ... Ich komme mir so unhöflich vor, wenn da jemand zu meinen Füßen sitzt und ich telefoniere, das ist ... Ah ... Kein Problem? ... Wirklich nicht? ... Prima, danke. Herr Till? Wir können doch telefonieren, die Dame sagt, es macht ihr nichts aus. Also, schießen Sie los, welches spannende Thema haben Sie heute für mich?«

»Wir waren quasi schon mittendrin. Es geht um den Toilettengang, allerdings bei Kleinkindern. Wie schafft man es, dass das eigene Kind sich von der Windel verabschiedet und stattdessen aufs Töpfchen geht? In *Full House* versucht es der Vater mit einem japanischen Designer-Kinderklo. Kann das helfen? Moderne Gadgets?«

»Diese Gadgets sind wunderbar. Ganze Industrien leben davon. Also Unternehmen, in denen Mütter oder Väter arbeiten, die von dem dort verdienten Geld ihre Kinder großziehen. Aber ich schweife ab. Den Kindern bringt das natürlich nicht viel. Denn wenn sie selbst nicht wollen, tun sie es auch nicht wegen einer Klingel, die ihnen Beistand leisten soll. Sie klingeln höchstens aus Vergnügen und stehen dann wieder auf, wenn sie von der Klingel genug haben. In der Regel, ohne ihr Geschäft erledigt zu haben. Warum sollten sie auch?«

»Alles klar, also keine modernen Gadgets. Was sonst? Wartet man darauf, dass es von selbst passiert?«

»Kinder, die schon große Geschwister haben, möchten diesen manchmal nacheifern und verlangen selbst danach, aufs Klo gehen zu dürfen. Das ist der Fall, in dem man sagen kann: Glück gehabt! Aber ganz selten finden Kinder die Windel von selbst irgendwann unangenehm. Die heutigen Windeln sind leider so saugstark, dass sie nicht wirklich stören und viele Kinder keine Notwendigkeit sehen, daran etwas zu ändern. Deshalb braucht es einen klaren Übergang von der Windel zum Töpfchen – den Zeitpunkt dafür bestimmen ganz klar die Eltern.«

»Okay, das ist doch eine eindeutige Aussage. Und gibt es dafür eine allgemeingültige Empfehlung, in welchem Alter das am besten passieren sollte?«

»Ja, die Zeit zwischen zwei und drei ist optimal. Dann sind nämlich fast alle Kinder in der Lage, Harn und andere Ausscheidungen nach und nach zu kontrollieren, zumindest mit etwas Übung. Wenn Eltern zum Beispiel die Erfahrung machen, dass ihre Kinder sie beim Wickeln genussvoll anpinkeln oder sich für das große Geschäft mitsamt der Windel in eine bestimmte Ecke zurückziehen, wissen sie: Der Moment ist da, das Kind reif genug, um den Übergang zu schaffen. Und was ein Kind kann, sollte man auch von ihm einfordern. So lernt es schneller und wird schneller selbstbewusst. Das geht ja auch Erwachsenen so: Je mehr wir können, umso mehr halten wir auch von uns.«

»Aha, interessant. Bedeutet das, dass jemand mit einem völlig übersteigerten Selbstbewusstsein, so ein richtiger Großkotz-Angeber, besonders früh alleine ins Töpfchen pinkeln konnte? Oder besonders gut? Aus fünf Meter Entfernung vielleicht?«

»Nein«, sagt Frau Precht lachend. »Diesen Umkehrschluss würde ich nicht daraus ziehen. Wobei man bei solchen Leuten ja schon immer das Gefühl hat, sie würden andere anpinkeln, metaphorisch gesprochen.«

»Anpissen. Sie dürfen ruhig anpissen sagen, ist ja nur metaphorisch. Aber zurück zum Thema. Wie findet der Übergang von Windel zu Töpfchen rein technisch gesehen am besten statt? Gibt es da irgendwelche Tricks und Kniffe?«

»Nun ja, zum einen ist der Zeitraum, in dem man das angeht, schon mal sehr wichtig. Ideal wäre eine Zeit, in der man mit dem Kind zu Hause ist. Die Kita-Ferien am besten. Und dann müssen alle Erwachsenen an einem Strang ziehen. Das Töpfchen darf ruhig gemeinsam mit dem Kind ausgesucht werden. Dann braucht es ein schönes Vorlesebuch oder ein paar im Kopf gespeicherte Lieder. Und eine klare Absprache zwischen allen Erwachsenen, die sich um das Kind kümmern, bis es schließlich trocken ist. Die Windel bleibt vorerst über Nacht noch an, tagsüber wird sie aber ausgezogen. Damit etwas im Töpfchen landet, geht man mit dem Kind alle halbe Stunde hin. Um zu gewährleisten, dass das Kind dies auch gerne tut, ist das Töpfchen der Ort, an dem ein Buch angeschaut oder zusammen gesungen wird. Die

Eltern bleiben also anfangs stets beim Kind und verbringen ein paar Minuten Zeit mit ihm. Manchmal passiert nichts, manchmal macht das Kind ins Töpfchen. Klar, das ist der Moment der Jubelstürme! Mama oder Papa freuen sich wie verrückt, bis die Freude sich auf das Kind überträgt. Ganz begeistert wird das Ergebnis der Heldentat im Töpfchen bewundert und anschließend würdevoll ins Klo gekippt.«

»Verstehe. So majestätisch wird der eigene Stuhlgang nie wieder zelebriert. Aber was ist, wenn diese Prozedur trotzdem nicht fruchtet?«

*»Yippie! Kacka gemacht!«*

»Sie meinen, wenn das Kind trotzdem erst einmal in die Hose macht? Davon darf man sich nicht unterkriegen lassen. Shit happens. Da darf man ruhig die Nase verziehen und anschließend das Kind gleich wieder aufs Töpfchen setzen, damit es weiß, wo das eigentlich hingehört, auch, wenn erst einmal nichts weiter kommt. Nach und nach lernt das Kind, die Zeiten auf dem Töpfchen für kleine und große Geschäfte zu nutzen. Anfangs immer unterstützt von elterlicher Begeisterung bei erfolgreicher Bewältigung der Aufgabe, denn Freude hilft beim Lernen. Meist bleibt die Hose schon nach wenigen Tagen trocken. Dann reicht es, die Töpfchenzeremonie alle Stunde zu veranstalten. Und erst, wenn auch das klappt, sollte man nach und nach dazu übergehen, dass das Kind selbst entscheidet, wann es muss und dann zum Töpfchen läuft. Es braucht also anfangs etwas Zeit, in der die Planung einen wichtigen Teil des Gelingens darstellt. Schnell finden Kinder dann aber Freude daran.«

»Yippie! Kacka gemacht!«

»Genau. Um das zu erreichen, gibt es aber ein paar Sachen, die Eltern auf keinen Fall tun dürfen. Das eine hatten wir schon, sie dürfen nicht warten, bis das Kind von sich aus signalisiert, dass es keine Windel mehr will. Ebenso wenig darf man darauf warten, bis das Kind einverstanden ist, dass man das nun so macht. Die Eltern entscheiden mit großer Klarheit. Dann folgt das Kind. Außerdem darf man sich nicht von Rückschlägen ins Bockshorn jagen lassen. Also bloß nicht aufgeben, wenn an den ersten beiden Tagen die Waschmaschine ständig läuft. Stattdessen das Kind daran beteiligen, die nassen Sachen in die Maschine zu tun oder die verkackte Hose auszuwaschen. Und das Wichtigste: nie das Kind auf dem Töpfchen alleine lassen. Das gemeinsam mit den Eltern zu lernen und ihre Freude zu teilen, wenn was im Töpfchen landet, ist der Schlüssel zum erfolgreichen Lernen.«

»Alles klar. Und im hohen Alter muss man sich dann wieder an die Windeln gewöhnen, hat aber keine Eltern mehr, die einem dabei zugucken.«

»Das nennt man dann wohl den Kreislauf des Leb… Oooooooh!«

»Was ist? Alles in Ordnung mit Ihnen?«

»Ja, alles bestens. Die abschließende Fußmassage hat gerade angefangen. Wie gesagt, das sollten Sie sich auch mal … Jaaaaaaaa, genau da!«

»Gut, dann überlasse ich Sie mal Ihren Fußfreuden. Viel Vergnügen noch, bis zum nächsten Mal.«

Ich lege auf.

Ich weiß ja nicht, ob mir das gefallen würde, wenn da jemand an meinen Füßen rumknetet. Oder überhaupt an mir rumknetet. Ich hatte noch nie eine Massage. Nein, auch nicht so eine. Irgendwie mag ich es nicht, wenn Fremde meinen Körper länger als aus Versehen berühren. Das ist für mich doch etwas sehr Persönliches und somit auch nur Menschen vorbehalten, zu denen ich ein sehr persönliches Verhältnis habe. An meinen Körper lasse ich nur Wasser und meine Herzallerliebste. Alles andere wäre … Wie bitte? O nein, verflucht noch mal, jetzt habe ich das schon wieder vergessen! Tut mir sehr, sehr leid, Frau Precht hat mich mit ihren Füßen verwirrt, das hat mich völlig aus dem Konzept gebracht. Was muss der kleine Leo? Ach so, er muss mal. Klein oder groß? Nein, nicht rauslassen, damit untergraben Sie die eigene Autorität, das geht auch so. Sie haben doch bestimmt irgendeine Tupperdose mit verdorbenem Gulasch oder so im Kühlschrank, die Sie schon ewig entsorgen wollten. Ja, genau, die soll er nehmen. Ja, das Tiefkühlfach geht natürlich auch, wenn sie es sowieso abtauen wollten. Nichts zu danken, sehr gern. Ja, versprochen, beim nächsten Kapitel denk ich dran, großes Pfadfinder-Ehrenwort.

 **Abspann**

Irgendwann im Leben eines jeden (Serien-)Kindes kommt der Moment fürs Trocken- bzw. Sauberwerden. Für die Eltern bedeutet das zweierlei. Erstens: Sie bestimmen den Zeitpunkt, wann es mit dem Töpfchen-Training losgeht. Und zweitens: ohne Motivation in Form von gemeinsamen Klo-Events geht nichts.

# 4 Trotzen und Motzen

*»Kann ich wohl, hab ich nämlich gerade gemacht!«*
*(Taylor Otto/American Housewife/Staffel 2/Folge 3)*

Dies ist die Reaktion der 16-jährigen Taylor Otto auf die Ansage ihrer Mutter, dass sie ihre Haare nicht ohne ihre Zustimmung färben könne. Das nennt man dann wohl Trotzphase. Wobei die klassische Trotzphase sich eher auf Kleinkinder bezieht, aber ist nicht die gesamte Pubertät ebenfalls eine einzige Trotzphase? Zumindest war sie es bei mir. Und da war Haarefärben noch die harmloseste Auswirkung. Dafür habe ich allerdings nie Ärger gekriegt, im Gegenteil, mein alleinerziehender Vater hat es nicht einmal bemerkt, als ich plötzlich mit blauen Haaren vor ihm stand. Echt jetzt. Kein Wort. Noch nicht mal ein irritiertes Augenzucken. Okay, sie waren vorher bereits schon wechselnd braun, rot, orange und platinblond, aber blau war doch noch mal etwas ausgefallener und vor allem auffälliger. Mindestens so auffällig wie der riesige, zackenförmige Neon-Ohrring, für den ich mir das notwendige Loch ein paar Tage vorher von einer Freundin auf dem Pausenhof mit einer rostigen Sicherheitsnadel hatte stechen lassen. Dazu hatte mein Vater ebenfalls nichts gesagt. Ich bin mir bis heute nicht sicher, ob er es einfach nicht gesehen oder willentlich ignoriert hat. So nach dem Motto: Bringt ja doch nichts, wenn ich mich darüber aufrege, der Junge macht sowieso, was er will. Und das habe ich.

## Subtile Rache

Und mein Vater ist die meiste Zeit erstaunlich cool geblieben. Wie bei meinem ersten Vollrausch, zum Beispiel. Wir müssen ungefähr 15 gewesen sein, als mein bester Freund nachmittags zu mir kam, im Gepäck eine von zu Hause gemopste Flasche Whisky. Ich fand das Zeug damals schon absolut eklig, aber wie das eben so ist mit 15, es war nun mal da und ich wollte mir vor meinem besten Freund keine Blöße geben. Anfangs haben wir es noch mit Cola gestreckt und Karten gespielt, der Verlierer musste trinken. Da es mit Cola aber auch nicht wirklich leckerer war, ließen wir sie nach der halben Flasche gleich weg, das dauerte auch irgendwie zu lange.

Als die Flasche endlich leer war, ging es uns erstaunlich gut, wir fühlten uns kaum betrunken – bis wir nach draußen gingen, um ein bisschen frische Luft zu schnappen. Mir war damals nicht bewusst, dass die Wirkung des Alkohols dermaßen hammerschlagartig einsetzen kann, meinem besten Freund auch nicht. Aber noch fanden wir es lustig. Mein Freund machte sich irgendwann schwankend auf den Heimweg, während ich mir den bereits stark malträtierten Schädel darüber zerbrach, wie ich möglichst unauffällig an meinem Vater vorbei in mein Zimmer gelangen könnte. Irgendwie schaffte ich es, kurz ins Wohnzimmer zu gucken und irgendwas mit »gehinsbettnacht« zu nuscheln, und obwohl es für meine Verhältnisse sehr früh war, kaufte er es mir ab. Das letzte Hindernis auf dem Weg in mein Bett, das sehr laut nach mir schrie, war die Treppe, die ich aber auch noch irgendwie bewältigte. In meinem Zimmer angekommen, kippte ich der Länge nach aufs Bett, ich wollte nur noch schlafen. Das Problem war bloß, dass sich, sobald ich meine Augen schloss, mein Bett in Bewegung setzte und Achterbahn fuhr. Es kam, wie es kommen musste: Mir wurde schlecht. Ein Jahr zuvor war mit Bon Scott einer meiner großen musikalischen Helden erbärmlich an seinem eigenen Erbrochenen erstickt, das galt es natürlich zu vermeiden. Ich versuchte aufzustehen, aber meine Gliedmaßen gehorchten mir nicht, keine Chance. Also lehnte ich mich einfach nach links und kübelte neben mein Bett. Ich kübelte, wie ich noch nie in meinem Leben gekübelt hatte, es nahm und nahm kein Ende. In einer kurzen Kübelpause hörte ich plötzlich Schritte die Treppe heraufkommen. Oh nein. Mein Vater. Was wollte er denn ausgerechnet jetzt hier oben? Du musst leiser kübeln, sagte ich mir, er darf es auf keinen Fall mitkriegen. Mitten im nächsten Schwall öffnete sich meine Zimmertür und das Licht ging an.

Anstatt wie erwartet auszurasten und mich berechtigterweise anzuschreien, stand mein Vater aber einfach nur süffisant grinsend im Türrahmen und berichtete mir, dass die Mutter meines besten Freundes gerade angerufen habe. Ihr Sohn habe eine Flasche Whisky aus der Hausbar geklaut und sei soeben rotzbesoffen nach Hause gekommen, mein Vater solle doch mal nach mir sehen. Das, was er gesehen hat, kann ihm nicht gefallen haben.

Mein Vater half mir ins Bad, wo ich kräftig weiterkübelte, während er die Hinterlassenschaften neben meinem Bett entfernte und selbiges frisch bezog. Als endlich nichts mehr zum Kübeln in mir war, brachte er mich zurück ins Bett, knipste das Licht aus, schloss die Tür und ging ohne ein weiteres Wort zurück nach unten. Um sein Verhalten in diesem Moment adäquat zu würdigen, ging es mir natürlich viel zu schlecht, im Nachhinein ziehe ich davor aber immer noch meinen Hut. Andere Väter hätten mit Sicherheit nicht so reagiert. Eine kleine, subtile Rache konnte sich mein Vater aber auch nicht verkneifen. Als ich am nächsten Morgen (es war ein Schultag) in die Küche kam, grinste er mich breit an.

»Na, geht's dir gut?«, fragte er, lauter als gewöhnlich.

»Bus. Spät dran. Tschüs«, war alles, was ich in diesem Moment noch artikulieren konnte.

»Viel Spaß in der Schule!«, rief mir mein Vater lachend hinterher.

Natürlich hatte ich an diesem Tag keinen Spaß in der Schule. Und ich habe fortan bis zum heutigen Tag keinen einzigen Tropfen Whisky mehr angerührt.

Ob das nun aus Pädagogensicht die korrekte Methode war, um mit meiner Pubertäts-Trotzphase umzugehen, vermag ich nicht zu beurteilen, aber ich finde, mein Vater hat das schon sehr clever gehandhabt. Alles konnte er auf diese Weise auch nicht verhindern, aber diesbezüglich habe ich mir ja auch extra viel Mühe gegeben. Und natürlich war nicht nur er Opfer meines Trotzes. Gerade zwischen 14 und 18 habe ich allem getrotzt, was mir über den Weg gelaufen ist – Erwachsenen grundsätzlich, Lehrern im Besonderen, der Vollzeitschulpflicht, den deutschen Charts, der Mainstream-Mode, häufiger Nüchternheit, Spießern, meiner Entjungferung (unabsichtlich, aber bis 18 sehr erfolgreich), gesunder Ernährung, übertriebener Hygiene, der baulich vorgeschriebenen Geschwindigkeitsbegrenzung von Mofas und was weiß ich noch alles, die Reihe ist endlos. Eine Zeit lang habe ich sogar regelmäßig Schokolade bei Aldi geklaut. Trotzdem ist kein Gangster aus mir geworden. Oh, aber apropos Gangster, ich warte schon die ganze Zeit darauf, dass sich dieses Stichwort mal ergibt, was bei einem Buch über Kindererziehung ja eher selten der Fall ist. Aber jetzt kann ich endlich die Top-Liste meiner Lieblings-Gangster-Serien loswerden, denn ich liebe dieses Genre sehr und da gibt es eine Menge hervorragender Serien.

**Meine Top-10-Gangster-Serien:**

1. Die Sopranos
2. The Wire
3. Breaking Bad
4. Peaky Blinders
5. Sons of Anarchy
6. Boardwalk Empire
7. Lilyhammer
8. Narcos
9. Gomorrah – Die Serie
10. Brotherhood

In diesen Serien wird auch ganz viel getrotzt, hauptsächlich dem Gesetz und dem Recht auf körperliche Unversehrtheit.

Aber zurück zur harmloseren, für Betroffene sicher aber nicht minder unangenehmen Variante des Trotzes, nämlich dem von Kindern.

## Kalte Füße

Eingangs zitierte Taylor aus *American Housewife* trotzt natürlich vehement weiter und besteht darauf, dass sie mit ihren Haaren ja wohl machen könne, was sie wolle, woraufhin ihre Mutter ebenfalls auf stur schaltet und Taylors komplettes Zimmer leer räumt – schließlich seien das ja ihre Sachen, mit denen sie machen könne, was sie wolle. Taylor kriegt auch nichts mehr zu essen, denn auch diese Sachen gehören ja Mama und die darf entscheiden, was sie damit macht. Die beiden schaukeln sich gegenseitig trotzmäßig immer weiter hoch, bis Mama letztendlich darauf kommt, dass ein klärendes Gespräch mit einem Kompromiss als Ergebnis eventuell doch die bessere Lösung ist.

Erica, die Tochter der *Goldbergs*, gerät ebenfalls in einen Trotzstrudel, dessen Ziel ihr Vater ist. Sie sieht einfach nicht ein, jedes Mal das Familienauto volltanken zu müssen, wenn sie einmal um drei Ecken fährt. Sie überredet ihren sehr leicht beeinflussbaren Bruder Barry, gemeinsam ein Auto anzuschaffen, nur um ihrem Vater zu trotzen. Da Barry den Hauptanteil des Geldes bereitstellt, darf er natürlich das Auto aussuchen und entscheidet sich (ganz der 80er-Jahre-Teenager) für den berühmten Kastenwagen aus der Serie *Das A-Team* – natürlich in einer sehr gebrauchten, um nicht zu sagen heruntergekommenen Version. Papa Goldberg zeigt sich davon weder begeistert noch beeindruckt und verfügt, dass dieses Ding nicht in seiner Einfahrt stehen darf, woraufhin Erica kräftig an der Trotzschraube dreht und verkündet, dass Barry und sie fortan einfach in ihrem Auto leben werden.

Nun ist Barry nicht unbedingt der standhafteste Partner bei solch einem Unterfangen – der Hunger treibt ihn schnell zurück in Mamas Arme. Erica fühlt sich verraten und beschließt, die Familie komplett zu verlassen und abzuhauen, kriegt aber kurz vorm Busbahnhof doch noch kalte Füße und kehrt um. Auch hier hilft am Ende ein klärendes Vater-Tochter-Gespräch, in dem festgestellt wird, dass man nur so oft aneinanderrasselt, weil man sich so ähnelt und das doch eigentlich eine schöne Sache ist.

## Good Cop/Bad Cop

Die kleine Gracie aus *Immer wieder Jim* pflegt die subtile Art des Trotzes, indem sie einfach ständig genau das tut, was sie nicht machen soll, nämlich die Treppe hinunterzuhüpfen. Sie tut es wieder und wieder und wieder, bis ihre Mutter schließlich der Kragen platzt und sie als Strafe verhängt, dass Gracie an diesem Abend nicht mit ihrem Vater Halloween feiern und durch die Nachbarschaft ziehen darf, um Süßigkeiten abzustauben. Leider hat sie dabei die Rechnung ohne ihren Mann Jim gemacht, denn der liebt Halloween und kostenlose Süßigkeiten über alles und sieht es gar nicht ein, quasi mitbestraft zu werden, obwohl er gar nichts angestellt hat. Also zieht er trotz des Verbots mit Gracie um die Häuser, was selbstverständlich rauskommt.

Das führt natürlich zu Unstimmigkeiten, letztlich ist man sich aber immerhin einig darüber, dass Gracie für ihr Verhalten bestraft werden

muss. Nur wie? Ihr zu verbieten, zur Geburtstagsparty einer Schulfreundin zu gehen, scheitert daran, dass die Schulfreundin am Telefon
anfängt zu heulen, wofür man nicht verantwortlich sein möchte. Ein
Verbot, am nächsten Tag an einem Hockeyspiel teilzunehmen, geht
auch nicht, damit würde man schließlich die komplette Mannschaft
bestrafen. Nach einigem Hin und Her findet man doch noch eine Strafe – Gracie muss zum Judo, weil sie Judo nicht mag. Am Ende hat Papa
Jim allerdings mehr aus der Sache gelernt als seine Tochter, nämlich,
dass Eltern stets an einem Strang ziehen sollten und nicht nur einer
immer der Böse in Sachen Erziehung sein darf.

Das in Serien gern verwendete Prinzip Good Cop/Bad Cop ist demnach
im Umgang mit trotzigen Kindern nicht die Lösung. Aber was dann?
Reicht tatsächlich am Ende des Tages ein klärendes Gespräch? Wenn
man einen Familien-Sitcom-Drehbuchschreiber in der Familie hat,
könnte das eventuell funktionieren, aber wer hat das schon? Ich glaube, es wird Zeit für ein klärendes Gespräch mit Frau Precht. Ich rufe
sie gleich mal an, Moment.

## Die Suche nach dem Geländer

»Ja, Precht?«

»Hallo, Frau Precht. Till hier. Geht's gerade?«

»Herr Till, es ist halb 12 Uhr nachts.«

»Was, echt, schon? Das erklärt, wieso es bei mir gerade so gut flutscht
beim Schreiben. Mir hat mal jemand erzählt, dass laut biologischer
Uhr die Zeit zwischen 23 und 1 Uhr die kreativste sei.«

»Das ist schön für Sie. Bei mir ist das die Zeit zum Schlafen.«

»Bei mir normalerweise auch, aber meine Herzallerliebste besucht
ihre Mutter und ich kann immer so schlecht einschlafen, wenn sie
nicht hier ist, da kann ich auch gleich arbeiten. Habe ich Sie etwa geweckt? Das täte mir leid.«

»Nein, es ist ja zum Glück Wochenende, ich bin gerade auf dem Weg ins Bett.«

»Könnten Sie eventuell mir zuliebe einen kleinen Umweg machen? Ich bräuchte dringend Ihre Expertise. Dauert auch nicht lange. Hoffe ich.«

»Na gut«, sagt Frau Precht seufzend. »Jetzt bin ich sowieso nicht mehr müde. Schießen Sie los, worum geht es diesmal?«

»Um trotzige Kinder. Wie geht man damit am besten um? In der Serie *American Housewife* trotzt die Mutter einfach zurück. Ist das die Lösung? Einfach Gegenfeuer geben?«

»Das wäre schön, wenn es so einfach wäre! Genau das Gegenteil passiert dann aber. Wenn Eltern zurücktrotzen, haben sie schon von vornherein verloren. Denn erstens haben Kinder in Sachen Trotz immer den längeren Atem. Zweitens geben Eltern dem Trotz der Kinder damit eine Riesenmenge Beachtung und Aufmerksamkeit – der beste Dünger für jede unerwünschte Verhaltensweise, den die Schöpfung erfunden hat!«

»Hm, und was macht man stattdessen?«

»Kommt ganz drauf an. Meinen Sie trotzige Kleinkinder oder trotzige Pubertierende?«

»Egal, beides. Fangen wir mal mit den Kleinkindern an. Wann geht das überhaupt los? Sobald sie die ersten Worte respektive Widerworte sprechen können?«

»Ganz so schlimm ist es nicht. Verläuft die kindliche Trotzphase normal, beginnt sie mit etwa 3 Jahren, und zwar dann, wenn das Kind ›ich‹ sagt, wenn es von sich selbst spricht, und nicht mehr ›Felix will essen‹ oder ›Marie nicht müde‹. Wenn alles glatt läuft, ist man durch, wenn das Kind 5 ist. Dazwischen brandet der Trotz phasenweise an und wechselt meistens zwischen verschiedenen Lebensbereichen: Essen, Anziehen, Schlafengehen und so weiter. Überall, wo man Widerstand gegen elterliche Wünsche leisten kann, kommt der Trotz früher oder später vorbei.«

»Aha. Und warum ist das so? Ein Gendefekt? Reine Lust, anderen auf die Nerven zu gehen? Angeborene Boshaftigkeit?«

»Nein, im Gegenteil, das ist kein bisschen boshaft. Kinder, die sich als von anderen Menschen getrenntes Wesen mit einer eigenen Identität erleben (das zeigt sich durch das ›Ich‹), möchten wissen: Wo höre ich auf und wo fängt meine Umgebung an? Kurz gesagt: Sie wollen wissen, wo ihre Grenzen sind. Kindern in diesem Alter ist sehr wohl bewusst, dass das Leben ein gefährliches ist. Als würden sie auf einem engen Gebirgspfad wandern und suchten nach dem Geländer. Und wenn das Geländer da ist, bedeutet das Sicherheit.«

*»Okay. Dann ist die Trotzphase so was wie ein Dauerbelastungstest der Stiftung Warentest für Eltern?«*

»Na ja, aber dann gehe ich dem Geländer doch nicht so lange auf den Sack, bis es bricht.«

»Im Normalfall bricht das Geländer nicht, und das ist auch gar nicht die Absicht der Kinder. Sie suchen in der Trotzphase ihre Grenzen, um sich sicher zu fühlen. Manche Eltern verwechseln das leicht und glauben, Kinder würden an den Grenzen rütteln, weil ihre Bedürfnisse durch das Geländer, also das ›Nein‹, beeinträchtigt würden. Das Gegenteil ist aber der Fall. Das Bedürfnis des Kindes ist, dass das Geländer hält, egal wie sehr es rüttelt. Denn dann weiß es: Ich muss mir keine Sorgen machen, dass ich von diesem Gebirgspfad abstürze. Meine Eltern wissen, was richtig ist und was falsch ist, auf sie kann ich mich verlassen.«

»Okay. Dann ist die Trotzphase so was wie ein Dauerbelastungstest der Stiftung Warentest für Eltern?«

»Quasi, ja. Und Eltern, die ihren Kindern in dieser Phase klare Grenzen geben und sie auch halten, tragen eine Menge zum Urvertrauen ihrer

Kinder bei. Das bedeutet aber, dass sie ihren Kindern viele Wünsche abschlagen müssen.«

»Klar. Hätten Sie da vielleicht ein paar Beispiele?«

»Na ja, da muss man dann eben sein schreiendes Kind zum Beispiel aus dem Supermarkt hinausbefördern, anstatt ihm doch eine Süßigkeit zu kaufen, nur um zu vermeiden, dass die Umstehenden über die hartherzigen Eltern den Kopf schütteln. Oder man muss ein Kind auch mal im Schlafanzug in die Kita bringen, wenn es sich weigert, sich anzuziehen. Spätestens vor der Kita-Tür macht es das dann nämlich erfahrungsgemäß doch und zukünftig auch bereitwillig zu Hause.«

»Hi, hi, im Schlafanzug in die Kita, das klingt lustig.«

»Glauben Sie mir, wenn Ihr Kind so drauf ist, vergeht Ihnen das Lachen ganz schnell. Noch ein Beispiel: Man muss ein Kind auch notfalls mal ohne Mittagessen in den Nachmittag schicken, wenn es sich trotzig weigert, in akzeptabler Geschwindigkeit zu essen, oder weil es mit dem Essen spielt oder sich beklagt, das sei eklig. Keine Sorge, es kommt dabei nicht zu Schaden, abends wird es umso mehr essen. Vorausgesetzt, die Eltern halten den Nachmittag über durch, wenn das Kind immer wieder kommt, weil es Hunger hat und etwas naschen möchte, ist nach wenigen Tagen die Grenze klar und die Mahlzeiten sind kein Kampfplatz mehr.«

»Das Wichtigste sind also die Grenzen.«

»Genau. Kinder, die während der Trotzphase keine klaren Grenzen bekommen und sich mit ihrem Trotz immer wieder durchsetzen, zum Beispiel, weil ihre Eltern irgendwann aus Erschöpfung nachgeben, die überwinden die Trotzphase nicht wirklich, was natürlich Folgen für die Pubertät hat. An der Oberfläche haben sich die Wogen vielleicht geglättet, weil die Kinder nun älter und friedlicher sind. Sie bekommen ja ihr Lieblingsessen und die Schuhe, die sie sich wünschen, dürfen das Handy benutzen, anstatt zu schlafen und so weiter. Sobald das aber nicht klappt, keimt der Trotz sofort wieder auf und es gibt Krach. Je älter Kinder werden, umso stärker sind sie im Durchsetzen ihrer Interessen, sodass in diesen Fällen Widerstände während der Jugendzeit nur eine Fortsetzung dessen sind, was im Kleinkindalter nicht abgefrühstückt wurde. Anders gesagt: Im Körper des Jugendlichen, der hormon- und hirnentwicklungsbedingt voller Leidenschaft steckt, befindet sich ein vierjähriges Kind, das sich weigert, seinen Brokkoli zu essen, weil es lieber Nudeln will und bereit ist, den Brokkoli in der ganzen Küche zu verteilen, um seinen Willen durchzusetzen. Eltern, die ein solches Kind ihr eigen nennen, sollten sich therapeutische Unterstützung suchen und sich darauf einstellen, dass die Jahre bis zum Auszug des Kindes noch schwierig werden. Tun können sie nicht mehr viel. Psychisch ist das Kind bereits dabei, sich abzunabeln, was bedeutet: Erziehung wirkt nicht mehr. Man kann ein Kind erziehen, bis es in die Pubertät kommt. Dann ist es zu spät.«

»Und wenn die Eltern in der Kindestrotzphase alles richtig gemacht haben, verläuft die Pubertät relativ reibungslos?«

### »Das Wichtigste sind also die Grenzen.«

»Schön wär's, aber so einfach ist es leider nicht. Kinder, die in der Trotzphase erfolgreich gelernt haben, dass die Grenze steht, egal wie sehr sie anbranden, entwickeln ebenfalls eigenartige Verhaltensweisen, wenn sie in die Jugendzeit eintreten. Auch diese Kinder suchen Konflikte, aber sie tun es anders als trotzige Kinder. Sie machen es bewusster. Sie provozieren ihre Eltern, um sie gezielt und absichtlich an den Rand des Wahnsinns zu treiben. Sie bringen ihre Eltern zum Ausrasten oder zum Heulen, sie wollen diese Zweikämpfe gewinnen und sie sind in der Wahl ihrer Waffen sehr flexibel. Meistens wählen sie genau die, denen ihre Eltern besonders hilflos gegenüberstehen: Sie ziehen sich zurück und schweigen, wenn Eltern wissen wollen, wie es ihren Kindern geht. Sie streiten, wenn ihren Eltern friedliche Kommunikation ganz viel bedeutet. Sie sticheln und suchen nach Schwachstellen und manchmal tun sie genau das, was ihre Eltern am schrecklichsten finden. Die Eltern wählen AfD? Der erste Freund ist Syrer. Die Eltern besitzen eine Metzgerei? Sie ernähren sich strikt vegan. Die Eltern wollen, dass alles ordentlich ist und die Nachbarn nicht reden? Der Sohn läuft in zerrissenen Klamotten herum, schwänzt die Schule und trinkt Bier aus Dosen auf der Straße.«

»Das war ich! Punkrock, Schule schwänzen und Dosenbier! Ich kann mich allerdings nicht daran erinnern, das bewusst gemacht zu haben, um meinen Vater zu ärgern. Ich war so drauf, weil es einfach Spaß gemacht hat.«

»Na ja, das passiert quasi automatisch, es ist sozusagen ein natürlicher Vorgang. Jugendliche sind dabei, sich seelisch von ihren Eltern zu trennen. Damit das gelingt, müssen sie ihre Eltern doof finden, sonst würden sie ewig zu Hause sitzen. Es gibt Kinder, die die Jugendzeit verschlafen, und das ist nun wirklich der schlimmere Horror. Eigentlich sollte es so laufen: Jugendliche beweisen sich und ihren Eltern, dass sie überhaupt nicht zusammenpassen, sodass am Ende alle erleichtert sind, wenn der Nachwuchs auszieht. Die Ruppigkeit während der Jugend ist genau dazu gut. Sie erleichtert allen Seiten das Abschiednehmen. So können Kinder in ihr eigenes Leben starten und die Eltern verabschieden sich von ihren Idealen, sodass sie es schließlich akzeptieren können, dass ihre Kinder anders geworden sind als geplant. Die Ansprüche sind durch die heftige Jugendzeit kleiner geworden, auf beiden Seiten, sodass sich im Idealfall ein paar Jahre später wieder alle miteinander wohlfühlen und die gegenseitigen Macken gut nehmen können.«

»Ich bin aber trotz der sehr heftigen Jugendzeit erst mit 29 ausgezogen.«

»Ausnahmen bestätigen die Regel. Und ob Ihr Vater so froh darüber war, steht auf einem anderen Blatt. Wie war denn Ihr Verhältnis in den späteren Jahren?«

»Das war sehr gut. Ich hatte zumindest nie den Eindruck, dass er mich loswerden wollte.«

»Glück gehabt. Meine Kinder werden ganz sicher nicht erst so spät ausziehen – hoffe ich. So, jetzt werde ich aber doch langsam wieder müde. War's das für heute?«

»Ja. Ich wünsche Ihnen eine gute Nacht.«

»Danke, die werde ich sicher haben. Ihnen noch frohes Schaffen.«

So habe ich das noch nie betrachtet. Man geht seinen Eltern in der Pubertät also quasi extra auf den Sack, damit der Abschied nicht so schwerfällt. Ganz schön raffiniert, die Natur. Da kann ... Wie bitte? Oh nein! Jetzt hab ich den kleinen Leo schon wieder vergessen. Was hat er? Ihm ist langweilig? Kann ich mir vorstellen, ist ja nicht viel los in so einem Kühlschrank. Sie haben nicht zufällig ein Haustier? Doch? Wotan? Ein acht Jahre alter Bernhardinerrüde? Perfekt, dann stecken Sie Wotan doch einfach zu Leo in den Kühlschrank, damit er Gesellschaft hat. Nein, zum Stöckchenapportieren ist es dann wahrscheinlich doch zu eng. Was? Nein, das macht Wotan garantiert nichts aus, Bernhardiner sind schließlich Lawinenhunde. Ja, natürlich, ich rufe Frau Precht später noch mal an, ganz sicher. Jetzt gleich? Nein, ich würde gern erst noch ein bisschen weiterschreiben, es läuft gerade so gut. Ja, bis dann.

Okay, weiter geht's. Wie viel Uhr ist es eigentlich? Doch schon so spät? So langsam werde ich doch müde. Ich glaube, ich gehe ins Bett, weiterschreiben kann ich morgen auch noch. Gute Nacht!

 **Abspann**

Beim Thema Trotz gibt es einiges, was man sich nicht von Serieneltern abschauen sollte. Da wären vor allem die Eskalation und das Prinzip Good Cop/Bad Cop zu nennen. Beides ist äußerst unterhaltsam, wenn es in einer Serie durchgezogen wird, aber für den Alltag im Allgemeinen ungeeignet. Hier müssen Sie Grenzen setzen und immer wieder konsequent verteidigen.

# 5 Auf den Hund gekommen

*»Du bist superallergisch gegen Hunde!«*
*(Murray Goldberg/Die Goldbergs/Staffel 3/Folge 7)*

Nein, ist er nicht. Das war nur die Ausrede, die Papa Goldberg jahrelang benutzt hat, um seinem Sohn Barry das Quengeln nach einem
Hund auszutreiben. Das funktioniert auch prima – bis Barry in einer
Zoohandlung in einen Laufstall voller Welpen fällt und überrascht
feststellt, dass er nicht daran stirbt.

Eine derartige Notlüge habe ich meinen Eltern erspart, ich wollte nie
einen Hund, da musste mein Vater nicht mal den ständig versterben-
den Herrn Will bemühen. Nicht, dass ich etwas gegen Hunde hätte, im
Gegenteil, ich liebe Hunde. Was ich nicht liebe, sind lange Spaziergän-
ge und zu viel Verantwortung und ich glaube ich habe schon sehr
früh erkannt, dass ein Hund beides mit sich bringt. Gassi gehen bei jeder Witterung, ekelhaft riechendes Fettfleisch mit Glibber drumrum
aus Dosen kratzen, bei jedem Hundehusten besorgt zum Tierarzt ren-
nen – all dies konnte die Aussicht darauf, jederzeit einen Hund streicheln zu dürfen, nicht aufwiegen. Außerdem hatten wir bereits einen
Hund in der Familie, die Dackeldame Line meiner Oma, und da ich
dort mindestens einmal pro Woche vorbeischaute, war mein Grund-
bedürfnis an Hundestreicheln ausreichend abgedeckt. Wobei Line zusätzlich zum Streichelfaktor für einige witzige Anekdoten sorgte, die
ich heute noch gern zum Besten gebe. Am liebsten erzähle ich die Geschichte, wie meine Oma mit ihrem süßen Dackel im Frankfurter Grü-
neburgpark spazieren war und Line dort beim Buddeln unter einem
Busch einen faustgroßen Klumpen Hasch gefunden hat. In Wirklich-
keit war der Klumpen noch größer, etwa so groß wie Lines Kopf, aber
ich möchte nicht zu den Leuten gehören, die ihre Geschichten mit jeder Darbietung weiter aufblasen, deshalb untertreibe ich an dieser
Stelle mal. Jedenfalls buddelte Line in bester Drogenhundmanier diesen Klumpen aus – und schneller als meine Oma gucken oder gar reagieren konnte, war das Zeug bereits in Lines Maul verschwunden und
mit einem Haps runtergeschluckt. Ein Hund auf Haschisch. Wenn das
keine gute Geschichte ist, weiß ich auch nicht, dieser Vorfall fand wenige Tage später sogar seinen Weg in die Frankfurter Rundschau. Aber
keine Sorge, das war für Line nicht der Einstieg in eine zerstörerische
Spirale aus Koks, Crack, Heroin und Beschaffungskriminalität. Sie hatte
in der Folge auch keine unkontrollierten Lachanfälle oder mehr Heiß-

hunger auf Süßes als ohnehin für einen Hund üblich. In den ersten drei Tagen nach dem unkontrollierten Konsum schien sie lediglich ein wenig entrückt, aber durchaus glücklich und viel gelassener als sonst – hätte in dieser Zeit ein Einbrecher das Haus meiner Oma heimgesucht, Line hätte ihm wahrscheinlich nur grinsend zugenickt und den Weg zum Kühlschrank gezeigt.

Also, kein Hund auf meiner Haustier-Checkliste. Auch keine Katze, obwohl ich diese Gattung grundsätzlich ebenfalls sehr bezaubernd finde und es einfach nicht einsehe, mich in eine der Kategorien Hundemensch oder Katzenmensch einordnen lassen zu müssen – man kann durchaus beides und noch ganz viele andere Tiere lieben. Mit Katzenstreicheleinheiten war ich auch bestens versorgt, in unserer ländlich angehauchten Nachbarschaft streunten genug herum, von denen sich immer eine bereitwillig streicheln ließ. Ich war sogar mal bei einer Katzengeburt dabei, drei Häuser weiter im Stall bei Bauer Willi, damals muss ich etwa fünf gewesen sein. Das war schon faszinierend, wie diese Würmchen da aus Katze Frieda herausflutschten. Und wie Willi sie dann alle in einer Hand hielt. Und wie er den Deckel der Regentonne anhob, die frisch geborenen Katzenbabys hineinwarf und den Deckel wieder schloss. Für einen ganz kurzen Moment dachte, hoffte ich, diese Prozedur gehöre zum Geburtsvorgang dazu, so eine Art erste Waschung aus medizinisch-hygienischen Gründen, aber nachdem Bauer Willy ohne ein weiteres Wort die Scheune verließ und nicht wiederkam, starb diese Hoffnung mit den Katzenbabys. Als ich seine Tochter wenig später fragte, wieso ihr Vater das getan hat, antwortete sie auf tiefstem Hessisch:

»Des mache mer immer so. Sonst hädde mer ja mehr Katze als Mäus.«

## Ausreichend pflegeleicht

Ja, nicht jeder Bauernhof hat Ponys und Idylle ist dem Landwirt ein ebensolches Fremdwort wie Euthanasie.

Was Bauer Willy zum Glück nicht hatte und direkt nach der Geburt ersäufen konnte, waren Meerschweinchen. Aber ein Klassenkamerad hatte eins, und das war so unglaublich süß und weich, so eins wollte ich unbedingt täglich streicheln können. Und ein Meerschweinchen erschien mir auch ausreichend pflegeleicht. Es musste nicht raus, um sein Geschäft zu verrichten, und fraß nur Heu und andere gut riechende Pflanzen ohne Glibber dran, der Aufwand hielt sich also in Grenzen. Und tatsächlich, nicht viel später zog Maxi bei uns ein, ein dunkelbraunes, struppiges Meerschweinchen der allersüßesten Sorte. Natürlich musste ich meinen Eltern hoch und heilig versprechen, dass ich jeden Tag frischen Löwenzahn für Maxi im Feld hinter dem Haus pflücken und regelmäßig seinen Käfig saubermachen würde, was ich selbstverständlich auch sehr gerne tat. Geschätzte vier Mal. Länger hielt meine Faszination für Maxi nicht an. Man konnte ja nicht mal mit ihm spazieren gehen. Und Drogen fraß er auch nicht, das war mir irgendwie zu langweilig auf Dauer.

Sein Käfig war trotzdem immer sauber und zu hungern schien er auch nie, was mein manchmal extrem kurzzeitig auftauchendes schlechtes Gewissen rasch beruhigte – irgendjemand kümmerte sich offenbar darum, mehr musste ich nicht wissen. Unseren Urlaub verbrachten wir in diesem Jahr auf Menorca, während Maxi für diese Zeit bei Bekannten wohnte. Ich bemerkte tatsächlich erst ein paar Tage nach unserer Rückkehr, dass Maxis Umzug permanent und von meinen Eltern exakt so geplant gewesen war. Meine Trauer hielt sich in Grenzen, ich war noch nicht mal sauer ob der Hinterlist, daher hatten meine Eltern das wohl genau richtig entschieden.

So viel zu meiner sehr überschaubaren Haustier-Historie. Diesbezüglich geben TV-Serien wesentlich mehr her, vor allem natürlich Familien-Sitcoms, gehört doch rein statistisch gesehen zu jeder Durchschnittsfamilie nebst zwei Kindern mindestens ein Hund. Und so sind es auch hauptsächlich Hunde, die sich in Serienfamilien tummeln, aber nicht ausschließlich.

**Hier mal meine Top 10 der TV-Serien-Haustiere:**

1. Snoopy (Hund, *Peanuts*)
2. Dino (Snorkasaurus, *Familie Feuerstein*)
3. Drogon (Drache, *Game of Thrones*)
4. Santas Littler Helper (Hund, *Die Simpsons*)
5. Elvis (Alligator, *Miami Vice*)
6. Marcel (Affe, *Friends*)
7. Buck (Hund, *Eine schrecklich nette Familie*)
8. Nibbler (Nibblonianer, *Futurama*)
9. Eddie (Hund, *Frasier*)
10. Murray (Hund, *Verrückt nach dir*)

## Machtlos

Ja, so ein Drache als Haustier wäre schon sehr cool – von den Futterkosten einmal abgesehen. Einen Affen oder Dino hätte ich als Kind selbstverständlich auch gern genommen, den Alligator weniger, aber cool ist das natürlich trotzdem. Bleibt nur die Frage, wie man es hinkriegt, dass die Eltern einen für die Familie anschaffen, das gestaltet sich in den meisten Fällen bei einem Hund schon schwer genug. Wie kommt man also als Serienkind zu solch einem treuen Vierbeiner? Die Ansätze sind unterschiedlich. Eingangs erwähnter Barry Goldberg hat natürlich einen psychologischen Vorteil, nachdem er die Lüge seines Vaters entlarvt und ihm damit ein sehr schlechtes Gewissen verpasst hat. Ein bisschen penetrantes Betteln im Nachgang (Ich will einen Hund! Ich will einen Hund! Ich will einen Hund!) und schon hat er, was er immer wollte – nur blöd, dass der Hund dann nicht ihn, sondern seinen Vater anhimmelt.

Bei den Tanners (*Full House*) taucht plötzlich eine entlaufene Hündin im Garten auf, in die sich natürlich ein Großteil der Familie blitzverliebt. Papa Danny ist als Sauberkeitsfanatiker strikt gegen Haustiere und er ist die letzte Instanz im Haushalt. Als die Hündin dann einen Haufen süßer Welpen auf Onkel Jessies Bett wirft, wird seine Panik entsprechend größer. Er macht den eigentlichen Besitzer ausfindig, der kurz darauf kommt, um die gesamte Hundemeute abzuholen. Dankbar, dass die Familie Tanner sich so gut um seine Hündin gekümmert hat, bietet er ihr an, einen der Welpen behalten zu dürfen. Gegen drei zuckersüße Töchter und einen unwiderstehlichen Welpenblick ist man als Vater natürlich machtlos – der Welpe darf bleiben.

## Stubenfliegen

D.J. Conner (*Roseanne*) umgeht seine Eltern gleich und bringt einfach einen Hund mit nach Hause, den er bei einem Klassenkameraden gegen ein paar Bücher eingetauscht hat. Eine Mutter wie Roseanne lässt sich allerdings nicht so billig hinters Licht führen, der Hund darf nicht sehr lange im Haus der Conners bleiben.

Und was lernen wir daraus? Richtig, ohne elterliche Zustimmung kein Haustier. Wie man als kreatives Kind trotzdem zu einem kommen kann, zeigt der kleine Dewey aus *Malcolm mittendrin*, indem er einfach die nächstbeste Stubenfliege zu seinem tierischen Begleiter kürt. Er nennt sie Tony, spricht, streitet und versöhnt sich sogar mit ihr, die beiden gucken gemeinsam fern. Ja, selbst profane Stubenfliegen können zum besten Freund des Menschen werden, man muss nur sehr gut auf sie aufpassen. Als Deweys Mutter nämlich Tony entdeckt, greift sie sofort zu einer Zeitung, um ihm den Garaus zu machen. Dewey ist zum Glück schneller, scheucht seinen besten Freund aus dem Fenster und rettet ihm somit das Leben.

## Abschreckung

Außerhalb der Serienwelt dürften allerdings wenige bis gar keine Kinder vorhanden sein, die sich mit einer Stubenfliege zufriedengeben würden, wenn sie lieber einen Hund oder irgendein anderes Haustier hätten. Wie also geht man als Eltern damit um, wenn man beispielsweise selbst keine Haustiere möchte oder die gewünschte Tierart auf den Tod nicht ausstehen kann? Vielleicht wäre ja Abschreckung eine Lösung. Wenn das Kind einen Hund möchte, geht man einfach vorher mit ihm in einen Zoo, der ein Wolfsrudel beherbergt, und lässt es bei der Fütterung zuschauen. Guck, das macht dein Hund dann auch, aber mit dir! Oder, was ja auch speziell von Mädchen immer gern und nachdrücklich gewünscht wird: ein Pony. Suchen Sie sich einen Ponyverleih in der Nähe, mieten Sie eins für ein paar Stunden und stellen Sie es einfach im Kinderzimmer Ihrer Tochter ab. Die überbordend anfängliche Freude wird sich schnell in Frust verwandeln, wenn das Pony die ersten Kackhaufen im Raum platziert, die Hälfte der Klamotten angeknabbert und das Handy verschluckt hat … Wie bitte? Ihr siebenjähriger Sohn wünscht sich eine Vogelspinne zum Geburtstag? Entschuldigen Sie bitte, aber was haben Sie denn alles falsch gemacht bei der Erziehung? Waren Sie schon mal mit ihm beim Psychologen? Oh, apropos, ich könnte ja mal Frau Precht fragen, wie man als Eltern mit dem Thema Haustiere am besten umgeht.

## Butter in der Sonne

»Ja, Precht.«

»Hallo, Frau Precht, Till hier. Haben Sie …«

»Das ist gerade ganz schlecht, Herr Till«, unterbricht sie mich. »Ich bin auf der Suche nach unserem Hamster Friedolin, er ist ausgebüxt. Und wenn ich ihn nicht finde, bevor die Kinder aus der Schule kommen, ist hier die Hölle los.«

»Oh, das ist natürlich ärgerlich. Setzen Sie sich auf keinen Fall hin! Hören Sie? Auf gar keinen Fall hinsetzen!«

»Nicht hinsetzen? Aber wieso …«

»So hat ein Freund von mir fünf Hamster verloren. Einen nach dem anderen. Weil seine Tochter sich immer wieder auf die armen Viecher draufgesetzt hat. Nach dem fünften hat sie dann keinen mehr gekriegt, weil der Hamsterfriedhof im Garten voll war.«

»Gut, verstanden, nicht setzen. Aber im Stehen habe ich Angst, dass ich drauftrete.«

»Ach, das passiert ganz sicher nicht, die sind so flink, da tritt man schon nicht drauf. Eine Frage: Haben Sie den Hamster freiwillig angeschafft oder haben Ihre Kinder Sie dazu überredet?«

»Weder noch. Sie haben meinen Mann dazu überredet. Wieso?«

»Weil das gerade mein Thema ist. Wie geht man damit um, wenn Kinder ein Haustier wollen? In der Serie *Die Goldbergs* dichtet der Vater seinem Sohn zum Beispiel eine Allergie an, um keinen Hund anschaffen zu müssen. Ist das die Lösung? Den Kindern einfach lebensgefährliche Krankheiten andichten?«

»Wenn Sie wüssten, wie häufig Eltern die dreistesten Lügen benutzen, um kleine Uneinigkeiten aus dem Weg zu räumen! Und dabei denke ich nicht an den Weihnachtsmann. Das Dichten an sich ist nicht das Problem. Zu sagen: Oma ist beim lieben Gott im Himmel ist für ein kleines Kind viel gesünder als: Oma liegt unter der Erde, wird von den Würmern gefressen, und wo der Rest von ihr ist, ist wissenschaftlich umstritten. Aber lebensgefährliche Krankheiten sollte man einem Kind nicht unterstellen. Das behindert es sozial. Es wird keine Freunde mit Hunden mehr besuchen, isoliert sich vielleicht sehr stark – also keine Lösung, die allen Beteiligten hilft.«

»Ja, das dachte ich mir schon. Wie geht man also richtig mit einem Haustierwunsch um?«

»Die beste Konstellation ist natürlich die: Das Kind will ein Haustier, die Eltern eigentlich auch. Dann wird das Tier einfach angeschafft und die Eltern haben Freude, wenn sie später den Hund ausführen oder das Katzenklo sauber machen, denn der Deal: ›Du bekommst ein Haustier, wenn du dich auch darum kümmerst‹, geht nie auf. Es sei denn, die Eltern sind knallhart und binden die Erfüllung des Versprechens an eine Bedingung: ›Am Handy spielen ist nur dann erlaubt, wenn der Hund draußen war.‹ Was die meisten Eltern auf Dauer aber nicht durchhalten, sodass der erzieherische Effekt gegen null geht. Das liegt ... Oh, ich sehe ihn! Er ist gerade unter die Couch geflitzt!«

»Schnell, holen Sie den Staubsauger!«

»Den Staubsauger? Überlebt er das denn?«

»Keine Ahnung. Aber falls nicht, haben Sie ein Problem weniger.«

»Nein, das funktioniert nicht«, sagt sie seufzend. »Mein Mann würde heute noch einen neuen kaufen.«

»Dann müssen Sie wohl auf die Knie. Wieso ist das eigentlich so, dass Kinder ihre Versprechen nie halten, sich um das Haustier zu kümmern? Böse Absicht? Berechnung? Vergesslichkeit?«

»Nein, nichts davon. Kinder können sich einfach noch nicht konkret vorstellen, was es bedeutet, sich für mehrere Jahre zu etwas zu verpflichten. Sie sind absolut davon überzeugt, sich um das Tier kümmern zu wollen, haben bloß noch keine Idee davon, was dieses Vorhaben in der Praxis wirklich bedeutet. Wenn sie das mitbekommen, weil der Hund da ist und rauswill, obwohl es in Strömen gießt, schmilzt auch die größte und ehrlichste kindliche Motivation wie Butter in der Sonne. Das kann man Kindern auch nicht vorwerfen. Ihr Frontalhirn, das nicht nur für rationales Denken, sondern auch für Disziplin zuständig ist, ist erst mit etwa 26 Jahren vollständig ausgebildet.«

»Aha! Das wusste ich nicht! Das erklärt es natürlich!«

»Erklärt was?«

»Meine frühere Disziplinlosigkeit! Ich war quasi die fleischgewordene Anti-Disziplin, vor allem zu Schul- und Studentenzeiten. Das war aber demnach gar keine Faulheit, sondern mein Frontalhirn, dafür konnte ich also gar nichts. Heute bin ich Mr. Disziplin höchstpersönlich. Zumindest, wenn's ums Schreiben geht.«

»Ich wünschte, unser Hamster wäre Mr. Disziplin und würde einfach selbst in seinen Käfig zurückkehren. Unter der Couch ist er jedenfalls nicht mehr.«

»Ach, der wird schon wiederauftauchen. Zurück zu den Kindern. Sie können also quasi gar nichts dafür, wenn sie ihr Versprechen, sich um den Hund zu kümmern, nicht einhalten?«

»Genau. Und deshalb sollte man das Ganze realistisch einschätzen und keine zu hohen Ansprüche an das eigene Kind haben. Man sollte lieber selbst entscheiden, ob ein Haustier angeschafft wird – auch wenn man sich dadurch für eine bestimmte Zeit den Unmut der Kinder zuzieht.«

»Verstehe. Die beruhigen sich auch wieder.«

»So ist es. Wenn Eltern also keine Lust haben, den Hund des Kindes auszuführen oder das Katzenklo sauber zu machen oder die ausgebüxte Schildkröte zu suchen, sollten sie bei diesem Thema so früh wie möglich ein klares und deutliches Nein aussprechen. Die beste Vorgehensweise wäre dabei ein: ›Wir wollen das nicht. Du kannst dir ein Haustier zulegen, wenn du deinen eigenen Haushalt hast.‹ Versucht man das Kind mit Argumenten wie ›In drei Jahren hast du sicher keine Lust mehr, mit dem Hund zu gehen‹ zu überzeugen, öffnet man nur Tür und Tor für Diskussionen. Und Eltern wissen: Bei monatelangen Diskussionen gewinnt immer nur einer, nämlich das Kind.«

»Und schon hat man einen Hamster.«

»Genau. Wobei die Probleme erst so richtig anfangen, wenn man ihn nicht mehr hat. Ach so, apropos nicht mehr haben: Ein sehr angenehmer Nebeneffekt bei diesem klaren elterlichen Nein zum Haustier: Besteht der Wunsch danach wirklich lange, zieht das Kind auch lieber aus. Denn mal ganz ehrlich: Wer hat schon gerne einen 25-jährigen Nesthocker zu Hause, dem man noch die Wäsche waschen muss?«

»Öh … äh … Ich bin erst mit 29 zu Hause ausgezogen. Aber meine Wäsche habe ich immer selbst gewaschen! Oder zumindest abgehängt. Manchmal sogar auf.«

»Mein Beileid für Ihre Eltern. Ich kann nur hoffen, dass meine … Oh, scheiße!«

»Frau Precht! Sie fluchen? Das hätte ich jetzt nicht erwartet.«

»Wieso denn nicht? Fluchen ist gesund. Vor allem, wenn man gerade auf etwas Kleines, Weiches getreten ist.«

»Oh nein! Friedolin!«

»Ich traue mich gar nicht, den Fuß zu heben, das ist bestimmt kein schöner Anbl… Uff! Es war nicht Friedolin! Es war nur eine kleine Plüschmaus, die wir schon ewig suchen.«

*»Und schon hat man einen Hamster.«*

»Glück gehabt! Also, hauptsächlich Friedolin, Sie aber auch.«

»Ja. Aber wenn ich ihn nicht in den nächsten zehn Minuten finde, habe ich ein Problem. Daher muss ich jetzt auflegen. Oder war noch was?«

»Nein, im Gegensatz zu Ihnen habe ich alles, was ich brauche. Viel Glück bei der Hamstersuche!«

»Danke. Ich glaub, ich muss mich erst mal setzen. Tschüs, Herr Till.«

»Nein! Schon vergessen? Bloß nicht setz…«

Zu spät, sie hat aufgelegt. Hoffentlich überlebt Friedolin das. Ein Hamster wäre mir ja viel zu klein als Haustier. Ich finde, ein Haustier muss man mindestens mit einer kompletten Hand streicheln können, nicht nur mit einem Finger, das ist … Wie bitte? Oh nein, verfluchte Kacke aber auch! Ja, ich darf das, Frau Precht flucht ja auch, das ist gesund, hat sie gesagt, ich habe also die hochoffizielle Psychologen-Erlaubnis. Ändert aber leider nichts daran, dass ich den kleinen Leo schon wieder vergessen habe. Wie geht's ihm denn? Wie bitte? Wotan hat sämtliche Lebensmittel im Kühlschrank verputzt? Und jetzt stecken die beiden fest? Haben Sie es schon mit einem Schmiermittel versucht? Salatöl soll in solchen Fällen helfen. Ach so, das hat er auch gefressen. Vielleicht hat er ja nur Blähungen und das Ganze erledigt sich von selbst. Nein, Sorgen würde ich mir da keine machen. Aber eine Gasmaske für den kleinen Leo könnte sicher nicht schaden. Ja, natürlich, ich rufe Frau Precht später noch mal an, ganz sicher. Jetzt gleich? Nein, das kann ich nicht machen, Sie haben doch gerade gelesen, dass sie ihren Hamster sucht. Da geht es Ihnen eindeutig besser, Sie wissen, wo Ihr Haustier gerade ist. Ich lasse in der Zwischenzeit mal kurz die Selbstdisziplin sausen und esse ein Eis.

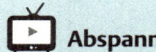 **Abspann**

Der Wunsch nach einem Haustier kann in Serien meist harmonischer als im echten Leben gelöst werden. Das Kind findet auf irgendwelchen Wegen das perfekte Haustier. Und nachdem die Eltern ihm erst ablehnend gegenüberstanden, verlieben sie sich in es. Wenn Sie kein Problem damit haben, sich um ein Haustier zu kümmern, dann steht dem familiären Neuzugang nichts im Wege. Denn egal, wie gern Ihr Kind anfangs Verantwortung für ein Tier übernehmen möchte, auf lange Sicht wird es diese vergessen.

# 6 Mein Freund ist unsichtbar

*»Nur du kannst mich sehen.«*
*(Happy/Happy/Staffel 1/Folge 1)*

Dies sagt Happy zu Nick Sax, einem ziemlich durchgeknallten Ex-Poli-
zisten, der sich als Auftragskiller verdingt, wie ein Loch säuft, sämtliche Drogen, die er finden kann, einwirft und auf den ersten Blick einfach nur ein kaputtes, zynisches Arschloch ist. Happy ist ein kleines
blaues Einhorn. Ungelogen. Ein ungleicheres Paar gab es sicher noch
nie in der Seriengeschichte. Dabei ist Happy nicht etwa eine Drogen-
halluzination wie die berühmt-berüchtigten rosa Elefanten. Und seine
Aussage, dass nur Nick ihn sehen kann, stimmt nicht ganz.

Happy ist der imaginäre Freund von Hailey, die ihn dementsprechend
ebenfalls sehen kann – nur aktuell leider gerade nicht, denn Hailey
wurde von einem als Weihnachtsmann verkleideten Psychopathen
entführt. Sie hat Happy losgeschickt, um Hilfe zu holen. Dass Happy
dabei ausgerechnet auf Nick stößt und dieser ihn sehen kann, hat seinen Grund, den ich aus Spoilergründen hier nicht verraten werde.
Nick und Happy geraten auf der Suche nach Hailey jedenfalls in eine
Tour de Force, die ihresgleichen sucht. Brutal, durchgeknallt, rührend,
verdammt gut gemacht, großartiger Hauptdarsteller – meine absolute
Lieblingsserie unter den neu angelaufenen. Dabei handelt es sich übrigens um eine Comicverfilmung, wobei ich von der Vorlage noch nie
etwas gehört hatte. Es kann manchmal von Vorteil sein, wenn man
eine Vorlage nicht kennt, manchmal aber auch nicht. Vor allem dann
nicht, wenn die Vorlage sehr, sehr gut ist. Ob ich den Happy-Comic
noch lesen werde, weiß ich nicht, das könnte den Seriengenuss
schmälern. Oder mir entgeht ein sehr, sehr guter Comic. Hm, schwierig. Aber dies ist jedenfalls die perfekte Gelegenheit, um meine Top-7-
Serien-Comicverfilmungen anzubringen, in denen ausdrücklich keine
Superhelden die Hauptrolle spielen.

**Meine Top 7 der Comicverfilmungen**

1. Preacher
2. Happy
3. The Walking Dead
4. Lucifer
5. iZombie
6. The End of the F...ing World
7. Riverdale

## Ein französischer Superstar

Ich selbst hatte nie einen imaginären Freund. Wahrscheinlich hatte ich einfach keinen Bedarf daran, da ich mir immer selbst genug war. Was ich mir allerdings bereits in sehr jungen Jahren zulegte, war ein Alter Ego. Einfach nur der kleine Jochen zu sein genügte mir irgendwann nicht, ich wollte mehr sein, und zwar ein weltberühmter Sänger. Dass ich nicht Paul McCartney sein konnte, war mir damals schon klar, den gab es ja schon. Also musste ich mir einen Weltstar ausdenken, der ich sein konnte. Und so posierte ich bereits im zarten alten Alter von sechs Jahren vor unserer reflektierenden Terrassentür und playbackte mir die Seele aus dem Leib. Dann war ich der absolute Mega-Weltstar Johnny Hallyday. Und ich war für eine sehr lange Zeit absolut davon überzeugt, dass ich diesen Namen erfunden hatte. Dass es tatsächlich einen französischen Superstar mit diesem Namen gab, wurde mir erst Jahre später bewusst.

Ich sang und bewegte mich auf meiner kleinen Teppichboden-Bühne wie der größte Entertainer aller Zeiten. Einen imaginären Freund, der mir dabei zujubelte, brauchte ich nicht – ich hatte schließlich Millionen von treuen imaginären Fans, die mich vergötterten! Natürlich wollte ich meine Johnny-Hallyday-Fantasie irgendwann auch tatsächlich ausleben, und als ich einen ähnlich nach Rock-Ruhm strebenden Gitarristen gefunden hatte, gründeten wir sofort eine Band. Punk sei Dank war das damals kein großes Problem – man musste bloß laut und enthusiastisch sein. Wir nannten uns *Kurzschluss*, und obwohl ich mittlerweile ein bisschen Schlagzeug spielen konnte, stand natürlich eins unverrückbar fest: Mit meiner langjährigen Erfahrung als Wohnzimmer-Superstar kam für mich nur der Posten des Frontmanns infrage.

Als dann irgendwann unser erster Auftritt in einem Jugendzentrum anstand, kamen aber seltsamerweise nur ungefähr 20 meiner Millionen Fans, was wohl daran lag, dass diese nicht imaginär waren. Egal, jeder Weltstar hat mal klein angefangen. Ob allerdings jeder Weltstar bei seinem ersten Gesangseinsatz plötzlich und schmerzhaft unerwartet den Text vergessen hat, steht auf einem anderen Blatt.

Ich ließ mir dann die Texte von einem Kumpel in der ersten Reihe entgegenhalten und las sie das komplette Konzert über ab – nicht unbedingt ein guter erster Eindruck für einen vermeintlichen Weltstar. Eine Chance, es beim nächsten Mal besser zu machen, bekam ich nicht, Kurzschluss löste sich ein paar Wochen nach dem ersten Auftritt schon wieder auf, weil der Schlagzeuger drei Orte weiter wohnte und sich auf Dauer die Buskosten nicht leisten konnte. Den Traum vom Rockstar gab ich trotzdem nicht sofort auf, in allen zukünftigen Bands spielte ich allerdings Schlagzeug – da fällt es nicht so auf, wenn man den Text vergisst. Dass ich trotzdem kein Rockstar wurde, lag schlicht und einfach daran, dass ich als Schlagzeuger nie gut genug, weil nicht besonders fleißig war. Nun bin ich Schriftsteller, das ist fast so gut wie Rockstar. Oder sogar noch besser. Ich kann überall hingehen, ohne von kreischenden Fans aus Versehen totgetrampelt zu werden. Selbst berühmte Schriftsteller werden in der Öffentlichkeit so gut wie nie erkannt. Wer weiß denn auch schon, wie Schriftsteller aussehen? Ich würde höchstens JK Rowling und Stephen King auf der Straße erkennen, aber auch nur vielleicht. Oder wissen Sie etwa, wie John Grisham aussieht? Oder Dan Brown? Die könnten mit einem ihrer Bücher wedelnd vor mir stehen und ich würde sie nicht erkennen. Und Schriftsteller zu sein hat noch einen großen Vorteil: Meine Hauptbetätigung besteht darin, mir ganz viele Alter Egos und imaginäre Freunde auszudenken. Auch, wenn ich während der Arbeit sehr allein bin, so bin ich doch nie einsam, mir leisten immer unzählige Charaktere Gesellschaft, die sich auch noch genau so verhalten, wie ich es gerne hätte. Sehr praktisch, das. Außer in diesem Buch, natürlich, da schreibe ich ja fast nur über mich selbst und erfinde keine Geschichten mit imaginären Charakteren. Aber da ich, wie gesagt, mir selbst schon immer genug war, geht das ausnahmsweise auch mal ohne Alter Egos und imaginäre Freunde.

## Keine Gefahr

Grundsätzlich gehört der elterliche Umgang mit imaginären Freunden sicher nicht zu den dringendsten Problemen, die bei der Kindererziehung so anfallen. Sie stellen im Gegensatz zu Drogen oder Liebeskummer keine akute Gefahr für Leib und Leben dar. Es sei denn, man heißt Lisa Simpson und hat wie in Staffel 28, Folge 4, eine imaginäre Freundin namens Rachel, die nach und nach alle realen Freunde umbringt, weil sie es nicht verkraftet hat, in Vergessenheit geraten zu sein. Die haben es aber auch nicht leicht, diese imaginären Freunde, irgendwann werden sie alle vergessen. Eine Antwort auf die Frage, was danach mit ihnen passiert, liefert übrigens ebenfalls *Happy*, aber auch das möchte ich hier nicht spoilern.

Im Allgemeinen geht von den unsichtbaren Begleitern aber keine Gefahr aus. Die kleine Michelle aus *Full House* erfindet in Staffel 4, Folge 26, Glenn als imaginären Freund, der natürlich ausgerechnet immer dort sitzt, wo eine reale Person Platz nehmen möchte. Am Ende stellt sich heraus, dass sie Glenn nur erdacht hat, weil sie die Krabbelgruppe verlässt und Angst hat, im Kindergarten keine neuen Freunde zu finden. Glenn war also nur prophylaktisch und kurzfristig ein Teil ihres Lebens und hat bald ausgedient.

Nicht ganz so gründlich wie Fantasia, die imaginäre Freundin von Maggie aus *Die Nanny* (Staffel 1/Folge 7), der sogar eine Beerdigung zuteilwird, nachdem Nanny Fran sie fast verschlungen hat. Ein guter Rat an alle imaginären Freunde da draußen: Setzt euch nie auf einen Keks! Die kleine Maggie wird zwischendurch aufgrund ihrer imaginären Freundin zur Psychologin geschickt, was ich reichlich übertrieben finde. Ein bisschen ausufernde Fantasie ist doch noch lange kein Grund, gleich die ordnungsgemäße Funktion des kindlichen Gehirns anzuzweifeln. Oder sehe ich das vielleicht falsch? Keine Ahnung. Also, keine fundiert fachliche zumindest. Aber genau dafür gibt es ja Frau Precht. Ich rufe sie gleich mal an.

## Schmusende Katzen

»Ja, Precht?«

»Hallo, Frau Precht, Till hier. Störe ich?«

»Na ja, wie man's nimmt. Ich versuche mich gerade an einem Stilleben in Öl.«

»Ah, Sie malen?«

»Nicht wirklich. Das ist mein erster Versuch. Ich hatte irgendwie Lust, etwas Kreatives auszuprobieren.«

»Das kann ich nur allzu gut verstehen. Nur wäre Malen diesbezüglich für mich das denkbar schlechteste Ventil, dafür fehlt mir leider jegliches Talent. Bei mir müssen es schon Worte sein, damit etwas Erkennbares dabei herauskommt.«

»Ich weiß, was Sie meinen«, sagt Frau Precht seufzend. »Bisher sieht das bei mir auch nur mit ganz viel Fantasie nach einer Obstschale aus. Dieser Apfel bringt mich noch mal zur Verzweiflung.«

»Ganz viel Fantasie wäre das passende Stichwort für mein heutiges Thema. Oder soll ich lieber später noch mal anrufen, wenn Sie mit dem Apfel fertig sind?«

»Nein, nein, das geht schon, der läuft ja nicht weg. Und eine kleine Pause ist vielleicht ganz gut. Also, worum genau geht es denn heute?«

»Imaginäre Freunde«, sage ich.

»Aha, interessant. Mit diesem Thema hätte ich irgendwie nicht gerechnet.«

»Ich auch nicht. Eine Serie hat mich darauf gebracht. Ich weiß auch nicht, ob dieses Thema genug hergibt. Imaginäre Freunde tun schließlich keinem etwas. Aber wenn ich das in den Serien richtig verstanden habe, tauchen sie meistens nicht grundlos auf?«

»So ist es. Wenn ein Kind zu einem imaginären Freund greift, hat das natürlich eine Ursache. Es ist doch so: Nicht immer haben Kinder genau die Menschen um sich herum, die ihnen gerade guttun würden. Wenn sie zu wenig Geborgenheit bekommen, kann vielleicht die Katze die Lücke schließen, weil niemand so gut schmusen kann wie Katzen. Dass sie dabei auch noch schnurren, zeigt einem Kind: Diese Katze genießt meine Gegenwart. Dieses Gefühl braucht jedes Kind. Nun hat aber nicht jedes Kind eine Katze oder ein anderes Haustier, das sich zum Schmusen eignet. Kinder, die vor der Industrialisierung auf einem Bauernhof gelebt haben, haben sich nachts an die Kuh geschmiegt. Aber Kühe hat ja heutzutage kaum mehr jemand, und wenn ein Kind gar kein Haustier hat oder nur einen Fisch, dann fehlt in Sachen Schmusen oft der richtige Ansprechpartner.«

»Hm, aber mit imaginären Freunden schmust es sich doch auch schlecht, schließlich bestehen sie letztendlich nur aus Luft. Wären da Kuscheltiere nicht besser geeignet?«

»Das stimmt natürlich. Aber es geht nicht nur ums Schmusen, es gibt ja auch noch andere kindliche Bedürfnisse, wie das Bedürfnis nach Freiheit oder Wertschätzung, die Sehnsucht danach, jemand Besonderes zu sein oder einfach bewundert zu werden oder besonders klug zu sein. Dann hilft manchmal nur die Fantasie. Und dann schaffen sich Kinder imaginäre Freunde. So manchem Kind hat der imaginäre Freund schon das Leben gerettet. Denn wer sich über lange Zeit alleine oder nicht verstanden fühlt oder in der Realität keinen Schutz und keine Sicherheit findet, kann schon mal seelisch vor die Hunde gehen. Imaginäre Freunde schließen diese Lücken. Sie sind genau so, wie das Kind sie braucht. Es erschafft sie ja schließlich selbst! Diese Freunde sind stark oder liebevoll, sie haben Verständnis, sie beschützen das Kind vor Gewalt oder Geschimpfe oder geben den fiesen Schlägern aus der Klasse aufs Maul. Und selbst, wenn das nur in der Vorstellung des Kindes passiert, beruhigt es doch und bewirkt Wundervolles: Das Kind fühlt sich tatsächlich besser, es fühlt sich geborgen oder frei, beschützt oder bewundert, und seine Seele nimmt viel weniger Schaden, als das sonst der Fall wäre.«

»Dann sind imaginäre Freunde so was wie unsichtbare Psychologen? Sozusagen eine Art Selbsttherapie?«

»Ja, sozusagen.«

»Dann würde man also viel Geld sparen, wenn man sie mit ins Erwachsenenalter nimmt.«

»Ganz so einfach ist es sicher nicht«, sagt Frau Precht lachend.

»Aber grundsätzlich sind imaginäre Freunde demnach etwas Hilfreiches und Positives und kein Grund für elterliche Sorge?«

> *»Dann sind imaginäre Freunde*
> *so was wie unsichtbare Psychologen?*
> *Sozusagen eine Art Selbsttherapie?«*

»Genau. Der imaginäre Freund an sich ist kein Problem. Wenn Eltern bemerken, dass ihr Kind sich mit etwas Unsichtbarem unterhält, sollten sie das deshalb auf keinen Fall verbieten. Und es ist erst recht kein Anlass, das Kind zum nächsten Psychiater zu schleifen. Es kann aber ein Anlass dafür sein, mit dem Kind zu reden und zu versuchen herauszufinden, ob ihm etwas fehlt, ob es unglücklich ist, ob es in der Schule gemobbt wird oder sich gar von den Eltern ungerecht behandelt fühlt. Den imaginären Freund darf es natürlich trotzdem behalten – bis es so groß ist, dass es ihn einfach vergisst und hoffentlich nie wieder einen Psychiater braucht.«

»Aber dann wären Sie ja arbeitslos.«

»Das stimmt natürlich. Und auf eine zweite Karriere als Malerin kann ich leider nicht hoffen. Dieser verflixte Apfel macht mich noch ganz verrückt, den kriege ich nie hin.«

»Ach, das schaffen Sie schon, Übung macht den Meister.«

»So viel üben kann ich rein zeitlich gar nicht. Ich habe eine Idee.«

Ein lautes Krachen dringt an mein Ohr. Dieses Geräusch kenne ich, da gab es früher mal eine Werbung: Damit Sie morgen noch kraftvoll zubeißen können.

»Ha, ha!«, lache ich. »So geht's natürlich auch!«

»Kein Apfel, kein Problem«, sagt Frau Precht schmatzend.

»Dann wünsche ich guten Appetit. Bis zum nächsten Mal.«

Wir legen auf.

Ich könnte ja auch keinen Apfel malen. Ich könnte nicht einmal Apfel-
mus malen. Aber sie versucht es wenigstens, so was bewundere ich
immer. Das ist … Wie bitte? Ja, ich weiß, der kleine Leo im Kühlschrank. Nein, ich habe es nicht vergessen, es war nur gerade schlecht,
Frau Precht war künstlerisch tätig. Was ist los? Sie wollten Leo rauslassen? Einfach so, ohne die Meinung der Expertin abzuwarten? Na,
Sie trauen sich aber was. Wie, was meinen Sie damit? Geht einfach
nicht auf? Eine Kühlschranktür? Das ist aber ungewöhnlich. Nein, keine Sorge, das kriegen wir hin. Mit elektrischen Geräten kenne ich
mich aus, da gibt es einen ganz einfachen Trick. Ziehen Sie kurz den
Stecker und stöpseln Sie ihn nach zehn Sekunden wieder ein. Ja, danach funktioniert alles wieder, das klappt so gut wie immer. Nein, keine Angst, zehn Sekunden unterbrechen die Kühlleistung nicht maß-
geblich, Sie müssen danach nichts wegwerfen. Außerdem hat doch
Wotan sowieso alles gefressen, oder? Ja, probieren Sie das mit dem
Stecker mal. Und halten Sie mich auf dem Laufenden!

So, nachdem ich jetzt noch technische Erste Hilfe für meine imaginäre
Leserin geleistet habe, habe ich mir wohl eine Pause und einen kleinen Snack verdient. Hoffentlich geht meine Kühlschranktür auf!

 **Abspann**

Wenn Ihr Kind auf einmal einen imaginären Freund hat, ist das erst
mal kein Grund zur Sorge oder für eine Therapie. Es ist nicht verrückt,
es hat einfach nur ein Bedürfnis, das durch seine realen Kontakte
nicht befriedigt wird. Finden Sie heraus, was ihm fehlt.

# 7 Geschwisterliebe

*»Nur, weil du nicht mehr die Niedliche bist,*
*ist das Leben nicht vorbei.«*
*(Samantha/Life in Pieces/Staffel 3/Folge 15)*

Diesen Satz sagt Samantha Hughes zu ihrer kleinen Schwester Sophia, weil diese ein paar Minuten zuvor aus Eifersucht auf ihre ein Jahr alte Cousine Lark eine öffentliche Ostereiersuche für Kleinkinder gesprengt hat. Sophia konnte es nicht länger ertragen, nicht mehr das niedlichste Kind ihrer erweiterten Großfamilie zu sein, die Lark pausenlos mit Aufmerksamkeit und entzückten Kommentaren zuschüttet – und Sophia eben nicht mehr.

Meistens sind es ja Geschwister untereinander, die Probleme mit Eifersucht haben. Als (wie bereits erwähnt) verwöhntes Einzelkind blieb mir das naturgemäß erspart. Sämtliche Liebe und Aufmerksamkeit meiner Eltern kannten nur ein Ziel, nämlich mich, den Erst- und eben Einziggeborenen. Einzelkind zu sein hat einige Vorteile. Man muss zum Beispiel nicht die Klamotten des älteren Bruders auftragen. Gut, heutzutage ist es vielleicht auch weniger verbreitet, dass Kinder die Klamotten ihrer älteren Geschwister zweitverwenden müssen. Heute herrscht ja nicht unbedingt Klamottenknappheit in unserer industrialisierten und vor allem kommerzialisierten Gesellschaft. Diese Kleidungszweitverwertung wurde ja damals hauptsächlich aus Spargründen praktiziert, aber heute kriegt man von T-Shirts bis zu Schuhen alles für ein paar Cent nachgeworfen. Da hat die Zweitverwertung eher ökologische als finanzielle Gründe.

Mir als Einzelkind blieb es jedenfalls damals erspart, wie mein Kumpel Edgar die ausgelatschten Turnschuhe eines älteren Bruders auftragen zu müssen, die natürlich alles andere als schön, geschweige denn cool waren. Ich musste mich auch nicht darum kloppen, wer am meisten zu essen kriegt. Oder wer zuerst ins Bad kann. Oder wer abends länger aufbleiben darf. Alle Geschenke unter dem Weihnachtsbaum waren für mich. Es gab kein hübscheres, klügeres oder liebenswerteres Kind in unserem Haushalt als mich, den einzigen Prinzen und Thronfolger. Ob es daran liegt, dass ich nie großartig eifersüchtig war und es bis heute nicht bin, weiß ich nicht, jedenfalls ist es so.

## Lieblingsenkel

Familiär gesehen gab es nie die Notwendigkeit, eifersüchtig zu werden. Mein Cousin (sechs Jahre jünger als ich) wurde zwar auch ständig als wunderhübsch und ach so bezaubernd, reizend und klug tituliert – aber nur von seiner Mutter. Der Rest der Familie sah ihn als das, was er war: eine eingebildete (wen wundert's?), selbstgefällige Nervensäge. Außer seinen Eltern ging er eigentlich allen auf den Sack, und damit meine ich nicht nur Familienmitglieder. Als er ungefähr sechs Jahre alt war, lief er mit einer Polizeimütze auf dem Kopf durch die Nachbarschaft und verteilte Strafzettel an falsch parkende Autos. Das machte er nicht zum Spaß, es sollte kein lustiger Jungenstreich sein, er meinte das tatsächlich ernst und meldete die Falschparker sogar der echten Polizei – viele Freunde hatten seine Eltern in der Gegend danach nicht mehr, er sowieso nicht.

Wenn ich schon ein gutes Beispiel für das typisch verwöhnte Einzelkind war, dann war mein Cousin der Weltmeister in dieser Disziplin. Was für mich allerdings keinen Grund zur Eifersucht darstellte, dafür konnte ich ihn einfach zu wenig leiden. Ich war noch nicht einmal eifersüchtig, als er ein paar Jahre später ganz eindeutig und unmissverständlich zum Lieblingsenkel unserer Oma wurde. Aber dafür hätte ich mindestens jeden Sonntag in die Kirche gehen, vor jedem Essen beten und Ministrant werden müssen. Ich zog es allerdings vor, nie in die Kirche zu gehen, ohne Segen zu essen, die Kommunion zu verweigern und bei der allerersten Gelegenheit aus dem Religionsunterricht auszutreten. Irgendwie war mir das Prinzip Kirche mitsamt diesem seltsamen Religionskonzept schon immer suspekt – keine guten Voraussetzungen, um Lieblingsenkel einer strenggläubigen Oma zu werden. Dafür sprang mein Cousin bereitwillig ein.

Er rannte ständig in die Kirche, betete sich mehrmals täglich den Arsch ab und wurde sogar Super-Ministrant, oder wie auch immer die Jungs heißen, die beim Gottesdienst mit Weihrauchbomben werfen dürfen. Ja, mein Cousin war das Abziehbild eines Lieblingsenkels für gottesfürchtige Großmütter. Und ich war deshalb alles andere als eifersüchtig auf ihn, sondern mehr als froh, dass er diesen Part übernommen hatte. Meine Oma und er hatten Gott, ich hatte meine Ruhe. Immerhin war ich der Lieblingsenkel meiner anderen Oma. Daher fehlte es mir ganz und gar nicht an großelterlicher Liebe und einer entsprechend hohen Ich-muss-meinen-Enkel-verwöhnen-Frequenz. Sie las mir jeden Wunsch von den Augen ab (falls das mal nicht klappte, sagte ich ihr einfach, was ich mir wünschte) und verwöhnte mich nach Strich und Faden mit Lieblingsessen, Lieblingsklamotten und Lieblingsbargeld. Egal, was ich auch anstellte (und das war nicht wenig in Pubertätszeiten), ich war immer »ihr Bub«, ich konnte nachhaltig quasi nichts falsch machen. Bei meinen beiden sechs Jahre älteren Cousinen (Zwillinge) war sie nicht immer so nachsichtig, aber, hey, es kann eben nur einen Lieblingsenkel geben. Ob die beiden deswegen eifersüchtig waren, kann ich nicht sagen, sie haben mich jedenfalls nichts dergleichen spüren lassen, im Gegenteil.

## Coole Cousinen

Meine Cousinen waren für mich die Allercoolsten, ich vergötterte sie. Klar, sie waren älter als ich und somit, was Coolness betrifft, automatisch viel weiter. Sie unternahmen ständig coole Sachen, hatten coole Freunde und hörten die coolste Musik. Und sie ließen mich daran teilhaben, nahmen mich freiwillig mit auf Konzerte und Demos und überall sonsthin, wo ich dem Alter nach eigentlich noch nicht sein durfte. Ich war neun, als sie mich ins Kino geschmuggelt haben, um *Tommy* zu sehen. Nicht, dass ich den Film damals auch nur ansatzweise verstanden hätte, aber es war verdammt noch mal das Coolste, das ich je gesehen hatte, schon allein, weil ich ihn mit meinen Cousinen sehen durfte. Oder 1980, da hat mir eine der beiden aus Berlin die erste Ideal-Platte mitgebracht, da gab es die Schublade Neue Deutsche Welle noch gar nicht. Obercool. Und dann waren da natürlich noch die Partys, die meine Cousinen veranstalteten. Meine allerersten Partys, mit lauter coolen Leuten und cooler Musik. Mein allererster Vollrausch mit zwölf (zehn Dosen Cola) beim 18. Geburtstag der beiden. Meine Cousinen waren das, was für mich am nächsten an Geschwister herankam, nur ohne die Eifersucht und den Zoff um alles Mögliche.

Okay, ich merke gerade, zum Thema Eifersucht ist in meiner Familie wirklich nichts zu holen. Aber das ist ja kein Problem, dann wenden wir uns einfach den Serien-Ersatzfamilien zu, davon gibt es mehr als genug, inklusive jede Menge Eifersucht zwischen Geschwistern.

## Dramatisch

In Familien-Sitcoms kommen naturgemäß sehr viele Geschwister im Kindesalter vor. Ich überlege gerade, ob mir eine klassische Sitcom-Familie mit nur einem Kind einfällt. Nein, nichts. In den modernen Familien-Sitcoms wie *Modern Family* und *Life in Pieces* gibt es zwar vereinzelt Paare, die nur ein Kind haben, aber da kommen dann eben noch jede Menge Cousins und Cousinen hinzu, die Grund zur Eifersucht bieten. Wobei sich dieses Thema ja nicht nur auf die Kindheit beschränkt, oft zieht sich die Eifersucht bis ins Erwachsenenalter, was dann zu Drama-Serien führt, in denen Geschwister eine große Rolle spielen. Das Drama steht übrigens nicht dafür, dass es in diesen Serien ständig dramatisch ernst und traurig zugeht, so bezeichnet man bloß Serien, in denen es nicht alle 20 Sekunden einen Gag gibt. Drama-Serien können durchaus auch witzig sein, sie sind es eben nur nicht vorrangig. Und sie sind meistens länger als Sitcoms, weil es eben mehr zu erzählen gibt als Witze.

**Meine Top 6 der Geschwister-Drama-Serien:**

1. This is us
2. Shameless
3. Orphan Black
4. Game of Thrones
5. Brotherhood
6. Dexter

## Die Mutter aller Familienväter

Womit ich zur großartigsten aktuellen Familienserie überhaupt komme: *This is us*. Dort dreht sich alles um drei erwachsene Geschwister (zwei Brüder, eine Schwester), die in unterschiedlichen Lebenssituationen stecken. In Rückblenden auf ihre Kindheit wird beleuchtet, wie sie so geworden sind, wie sie heute sind. Alle drei haben tief sitzende Probleme, obwohl sie als Kinder den besten Serienvater aller Zeiten hatten. Jack Pearson hat vielleicht nicht im Leben, aber mit seinen Kindern alles richtig gemacht. Einen liebevolleren, aufrichtigeren, sich stets für seine Familie aufopfernden Vater hat die Serienwelt noch nicht gesehen. Das Problem ist nur, dass er zu früh gestorben ist und somit ein riesiges Loch ins Leben seiner Kinder gerissen hat, mit dessen Folgen sie heute noch zu kämpfen haben. Ich habe … Wie bitte? Nein, das ist kein Spoiler, das kommt bereits in der ersten Folge vor. Ich spoilere nicht, zumindest nichts Essenzielles, das ist eine Unsitte, die gerichtlich verfolgt und mit Serienentzug geahndet gehört. Und weil ich eben nicht spoilere, sage ich jetzt auch nicht viel mehr zu dieser fantastischen Serie. Nur dies noch: unbedingt angucken! Und eine Familienpackung Taschentücher bereitlegen.

## Wandelnde Katastrophe

Wer es lieber deftig mag und vorzugsweise Lachtränen vergießt, ist beim definitiv schlimmsten Serienvater aller Zeiten und somit meiner zweiten Lieblingsserie dieser Kategorie bestens aufgehoben. In *Shameless* dreht sich alles um die Gallaghers, deren Vater Frank die größte wandelnde Katastrophe eines Familienoberhauptes abgibt, die jemals Kinder vernachlässigt hat. Er säuft wie ein Loch, nimmt alle Drogen, die er in die Finger kriegt, lügt, stiehlt, betrügt zu jeder Tages- und Nachtzeit und kümmert sich höchstens einmal um seine sieben Kinder von drei Müttern, wenn er sich Geld davon verspricht. Die Gallagher-Kinder wachsen quasi elternlos zusammen in einem Haus auf, die älteste Tochter Fiona versucht, so gut es geht, etwas Erziehung in den Haufen zu kriegen, größtenteils vergeblich. *Shameless* ist (wie der

Name bereits vermuten lässt) die am wenigsten pädagogisch wert-
volle Serie der TV-Geschichte – und macht dementsprechend viel
Spaß, diese Chaoten muss man einfach lieben.

## Blutende Nasen

Sie merken, was TV-Serien betrifft, ist für jede Art von Humor oder
eben Nicht-Humor etwas dabei. Und man kann sie als Geschwister
wunderbar zu zweit gucken, damit keine Eifersucht aufkommt. Womit
wir zurück beim Thema wären. Wie gehen Serieneltern damit um,
wenn ihre Kinder aus Eifersucht aufeinander einhacken? In den meisten Fällen lösen die Kinder untereinander dieses Problem, zumindest
in Sitcoms.

Als der kleine Bart Simpson eifersüchtig auf seine frisch geborene
Schwester Lisa ist, weil sich niemand mehr für ihn interessiert (Staffel
4, Folge 10), will er abhauen. Kurz bevor er aus dem Fenster klettern
kann, brabbelt Lisa allerdings ihr erstes Wort – den Namen ihres Bruders. Bart realisiert, dass es gar nicht so schlecht ist, eine kleine
Schwester zu haben, die ihn als großen Bruder anhimmelt, und die Eifersucht tritt in den Hintergrund. Natürlich schlummert sie dort nur,
um hin und wieder von den Drehbuchautoren bei Bedarf hervorgeholt
zu werden (zum Beispiel in Staffel 27, Folge 9). Nebenbei bemerkt
dürften sehr viele Serienmacher äußerst eifersüchtig auf *Die Simpsons*
sein, denn es ist die mit aktuell 30 Staffeln und 667 Folgen am längs-
ten gelaufene (und immer noch laufende) amerikanische Sitcom aller
Zeiten.

*Hör mal, wer da hämmert* brachte es im Vergleich nur auf schlappe
acht Staffeln mit 203 Folgen, aber auch dort kam das Thema Eifersucht
unter Geschwistern zur Ausstrahlung. Als Brad, der leicht tumbe
Sportlersohn der Familie, mit einem rotzig dahingeschmierten
Klatsch-und-Tratsch-Artikel auf der Titelseite der Schülerzeitung landet, gefällt das seinem wesentlich intelligenteren Bruder Randy so gar
nicht. Randy hat für seinen eigenen Artikel viel Zeit und Recherche-
arbeit aufgewendet und findet diesen plötzlich neben dem Speiseplan

sehr weit hinten in der Zeitung. Da kann man schon mal eifersüchtig werden, vor allem, wenn der Bruder einem den Erfolg auch noch ungeniert ständig unter die Nase reibt. Es folgt der unter Brüdern wohl am häufigsten angewandte Lösungsansatz: Die beiden kloppen sich. Papa Tim Taylor geht dazwischen. Einsicht kann er allerdings bei beiden nicht vermitteln. Die bringt der weise Nachbar Wilson, indem er Randy erklärt, dass der auflagenerhöhende Erfolg des Boulevard-Artikels seines Bruders gleichzeitig bedeutet, dass auch Randys ernsthafter Beitrag mehr gelesen wird – eine klassische Win-win-Situation, die dafür sorgt, dass jede Eifersucht in sich zusammenfällt.

Sollten sich Ihre Söhne also aus Eifersucht die Köpfe einschlagen, brauchen Sie nur einen klugen Nachbarn, der immer im richtigen Moment am Zaun steht und sich sonst erfreulich wenig blicken lässt. Ja, so einfach ist das, Problem gelöst, und das auch noch mit wenig Aufwand für … Wie bitte? Keine Lösung? Weil Sie keine Nachbarn haben? Ach so, Sie möchten lieber wissen, wie man Eifersucht unter Geschwistern bereits im Vorfeld verhindern oder das Risiko blutender Nasen wenigstens verringern kann? Woher soll ich das denn wissen? Ich sagte es doch schon, ich habe weder Kinder noch Geschw… Wie bitte? Frau Precht? Ja, die könnte das wissen. Moment, ich ruf sie gleich mal an.

## Exklusive Zeit

»Precht, hallo?«

»Hallo, Frau Precht, Till hier. Hätten sie einen Mom…«

»Ah, Frau Rothenbach! … Nein, Sie stören überhaupt nicht. … Ein neues Projekt besprechen? … Oh, das klingt allerdings sehr interessant. … Augenblick, ich gehe nur kurz ins Arbeitszimmer.«

Oje, die arme Frau. Sie redet vollkommen wirr. Wahrscheinlich der Stress. Das kann ja auch auf Dauer nicht gesund sein, ständig Kinder zu erziehen. Und dann ist sie zusätzlich noch beruflich vorbelastet, hört man ja immer wieder, dass Psychologen selbst einen an der Waffel haben.

»Äh ... ich kann auch später noch mal anrufen, wenn es gerade nicht passt«, sage ich.

»Nein, nein, bleiben Sie dran, Frau Rothenbach, ich bin gleich bereit für Sie, kleinen Augenblick noch! ... Du, Klaus, das ist wichtig, das ist die Verlagsleiterin. Dauert auch bestimmt nicht lange. Wirfst du so lange bitte ein Auge auf die Kinder? Das ist lieb, danke.«

Hm, das wird ja langsam besorgniserregend, jetzt redet sie schon mit zwei Leuten, die ich nicht bin. Vielleicht hält sie mich ja für einen schizophrenen Patienten? Hat sie überhaupt Patienten? Was macht man als Diplom-Psychologin eigentlich so den lieben langen Tag außer Kinder erziehen? Muss ich nachher mal googeln.

»Wenn es Ihnen gerade nicht gut geht, können wir das auch gern verschieben, Frau Precht«, sage ich. »Vielleicht legen Sie sich besser erst mal hin und trinken in aller Ruhe einen Prosecco?«

Keine Antwort. Ich höre Schritte, dann das Zuklappen einer Tür.

»Frau Precht?«

»Herr Till! Sie schickt der Himmel!«

Auweia. Jetzt hält sie mich auch noch für gottgesandt. Aber immerhin ist ihr mein Name wieder eingefallen.

»Verzeihen Sie bitte, dass ich Sie hier als Notlüge missbrauche. Mein Bruder ist heute Morgen unangemeldet bei uns aufgetaucht und Ihr Anruf war gerade die perfekte Ausrede, um mir für ein paar Minuten sein unerträgliches Geschwafel zu ersparen.«

Ah, das erklärt es natürlich. Ich bin also weder schizophren noch gottgesandt, sondern nur eine billige Ausrede.

»Kein Problem«, sage ich. »Sie mögen Ihren Bruder wohl nicht besonders?«

»Doch, doch, ich liebe meinen Bruder«, antwortet sie. »Noch viel mehr liebe ich ihn allerdings, wenn er nicht in unserem Wohnzimmer sitzt und pausenlos erzählt, wie erfolgreich er ist. Das ist auf Dauer sehr anstrengend, Ihr Anruf kam also wie gerufen.«

»Verstehe. Sie sind also eifersüchtig auf Ihren Bruder. Das ist perfekt.«

»Also, erstens bin ich kein bisschen eifersüchtig auf meinen Bruder und zweitens: Selbst, wenn ich es wäre, kann ich nicht nachvollziehen, was an diesem Zustand perfekt sein sollte.«

»Nein, so meinte ich das nicht. Es ist mir schnurzpiepegal, ob Sie eifersüchtig auf Ihren Bruder sind, ist ja nicht mein Problem, ich bin Einzelkind. Es passt nur perfekt zum Anlass meines Anrufs. Ich bin nämlich gerade beim Thema Eifersucht unter Geschwistern. Also, was hätten Ihre Eltern damals anders machen müssen, damit das Verhältnis zu Ihrem Bruder heute nicht so zerrüttet wäre?«

*»Komplett verhindern kann man Eifersucht zwischen Geschwistern sicher nie. Aber man kann das Risiko bereits bei der Familienplanung minimieren.«*

»Mein Verhältnis zu meinem Bruder ist überhaupt nicht zerrüttet. Mir geht nur seine ständige Angeberei auf die Nerven. Ich muss nicht wissen, wie viel Geld er mit seiner Werbeagentur im letzten Monat gescheffelt hat, obwohl er nie studiert hat. Das ist …«

»Zur Sache, Frau Precht. Zur Sache. Eifersucht unter Geschwistern. Wie sollen Eltern damit umgehen? Kann man das verhindern?«

»Komplett verhindern kann man Eifersucht zwischen Geschwistern sicher nie. Aber man kann das Risiko bereits bei der Familienplanung minimieren. Wie viel Neid und Eifersucht es zwischen Geschwistern gibt, hängt nämlich vor allem davon ab, wie groß der Altersunterschied zwischen ihnen ist. Am schlimmsten ist es bei einem Abstand zwischen eineinhalb und vier Jahren. Wer also ständiges Gezänk zwischen seinen Kindern vermeiden möchte, bekommt sie am besten direkt hintereinander, jedes Jahr eins. Dann wachsen sie auf wie Zwillinge oder Drillinge und halten zusammen wie Pech und Schwefel. Der Nachteil daran: Sie verbünden sich ständig gegen ihre Eltern. Da hat man es doch leichter, wenn sie auch mal gegeneinander gehen, dann erfährt man mehr von den Dingen, die sie eigentlich vor einem verheimlichen möchten. Vorausgesetzt, man möchte auch wirklich alles wissen. Das ist nicht immer gut.«

»Das stimmt wohl. Ich konnte meinem Vater gerade in meiner ausufernden Pubertät jede Menge Leid und Sorgen ersparen, indem ich ihm sehr viel verheimlicht habe und keine Geschwister hatte, die mich verpetzen konnten. Wobei noch ausreichend Leid und Sorgen übrig blieben, die ich ihm nicht verheimlichen konnte. Hätte er das alles vorher gewusst, hätte er wahrscheinlich dankend auf jede Art von Familienplanung verzichtet.«

»Tja, wenn die Kinder erst mal da sind, ist es zu spät. In Sachen Eifersucht ist es jedenfalls am sichersten, man wartet nach dem ersten Kind vier Jahre ab, bis man das zweite zeugt. Dann hat man zwei Kinder, die sich wie Einzelkinder fühlen. Ein großes, das sein Geschwisterchen erst stolz in der Gegend herumschiebt und es später gelangweilt ignoriert, und ein kleines, das den älteren Bruder oder die Schwester erst anhimmelt und in der Pubertät entweder total doof oder supercool findet.«

»Okay, das klingt sehr schlüssig. Aber was, wenn man als Eltern dieses Buch vor der Familienplanung nicht gelesen hat, weil es noch gar nicht erschienen war? Oder wenn die zeitlichen Abstände zwischen den Kindern weniger geplant als vielmehr spontan zustande gekommen sind?«

»Wenn die Kinder schon da sind und innerhalb des kritischen Abstands liegen, habe ich zwei passende Tipps. Zum einen sollte man jedem Kind hin und wieder ganz exklusive Zeit mit einem Elternteil alleine schenken. Einen Kurzurlaub, zum Beispiel, nach Wahl des Kindes, innerhalb einiger Optionen, die natürlich die Eltern auswählen. Zwei Tage zelten am See oder eine Zugfahrt in die nächstgelegene

Stadt, in der es ein Naturkundemuseum mit echtem Dinoskelett gibt, oder einen Ausflug mit Übernachtung zur Sternwarte. Wenn jedes Kind so etwas einmal im Jahr erlebt, entspannt das die Familie ungemein.«

»Sehr clever. Und der Rest der Geschwister wird unterwegs an einer Raststätte oder einem Bahnhof ausgesetzt?«

»Natürlich nicht. Die verbringen die Zeit bei Oma und Opa oder bei Freunden, das geht für zwei, drei Tage immer mal.«

»Alles klar. Und der zweite Tipp?«

»Man sollte seine Kinder in unterschiedlichen Bereichen fördern. Wenn das erste ein Fußballcrack ist, sollte das zweite eine andere Sportart ausprobieren. So halten sich das Vergleichen und die daraus entstehende Eifersucht in Grenzen. Wenn eins ein Tor geschossen und das andere den blauen Gürtel im Karate geschafft hat, können beide stolz sein, weil sie nicht miteinander konkurrieren.«

»Raffiniert. Dann können Sie sich sogar noch gegenseitig anfeuern, das stärkt wahrscheinlich die geschwisterliche Bindung.«

»Genauso ist es.«

»Perfekt. Sonst noch was?«

»Nein, das war's.«

»Prima, dann habe ich alles, vielen Dank. Dann mache ich mich gleich mal an die Arbeit. Tschüs und bis zum nächsten M…«

»Moment, Moment! Wieso haben Sie es denn so eilig? Wir haben uns eigentlich noch nie richtig unterhalten. Erzählen Sie doch mal ein bisschen was über sich. Wie viele Bücher haben Sie schon geschrieben? Macht Ihnen das Schreiben Spaß? Wie geht es Ihnen privat? Was macht die Liebe? Kann ich …«

»Ich weiß, was Sie gerade machen, Frau Precht. Das ist so leicht zu durchschauen, dafür muss man kein Psychologe sein.«

»Was ich mache? Wieso? Was mache ich denn? Ich mache doch gar nichts.«

»Sie versuchen, unser Gespräch zu verlängern, weil Sie keine Lust haben, zurück ins Wohnzimmer zu Ihrem Bruder zu gehen.«

»Hrmpf. Ja, schon gut, Sie haben ja recht, Verzeihung.«

»Kein Problem. Und jetzt kann ich Ihnen vielleicht ausnahmsweise einmal einen Tipp geben. Um das Gespräch zu verlängern, brauchen Sie mich doch gar nicht. Quatschen Sie einfach weiter, weiß doch niemand, dass gar niemand mehr dran ist.«

»Stimmt, sehr guter Tipp, danke, Herr Till!«, sagt sie und erhebt ihre Stimme. »Nein, Frau Rothenbach, 500 000 Euro Vorschuss sind viel zu wenig, dafür mache ich nicht mal eine Datei auf! … Ja, das klingt schon besser. … Nein, die Recherche in einem Luxushotel auf Hawaii ist nicht inklusive, die wird extra berechnet … Nein, ich …«

Ich lege auf.

Prima, das nächste Kapitel abgehakt. Wenn ich mein Bruder wäre, wäre ich jetzt eifersüchtig auf meinen Fleiß und … Wie bitte? Ach, Sie sind's. Was? Nein, ich habe jetzt Frau Precht nicht gefragt. Ich wollte erst mal abwarten, wie das mit der Tür ausgegangen ist. Hat das mit dem Steckerziehen geklappt? Nein? Sie war gar nicht verklemmt? Leo hat sie von innen zugehalten? Weil er es lustig fand? Der kleine Racker! Aber dann ist ja alles wieder in Ordnung, oder? Nein? Er will für immer da drin bleiben? Ach, das ist sicher nur so eine Phase, das geht vorbei. Vielleicht können Sie ihn ja mit irgendwas rauslocken. Haben Sie Eiscreme im Haus? Oh, stimmt, die ist natürlich im Kühlschrank. Dann irgendwas anderes. Geld. Locken Sie ihn mit Geld raus, das zieht immer. Auch im Kühlschrank? Weil Wotan immer Ihr Portemonnaie frisst? Hat Ihnen schon mal jemand gesagt, dass Sie einen sehr seltsamen Haushalt führen? Nicht konstruktiv? Sorry, aber dazu fällt mir einfach nichts Konstruktives mehr ein. Haben Sie eigentlich keine Geschwister, die Ihnen helfen könnten? Nein? Verwöhntes Einzelkind? Willkommen im Club! Ja, klar, ich frage Frau Precht noch, auf jeden Fall. Nein, keine Sorge, ich vergesse solche Sachen immer nur fünfmal.

Oder das wievielte Kapitel war das gerade? Es war jedenfalls nicht das letzte. Also, weiter geht's!

 **Abspann**

Nicht nur in Serien, auch im realen Leben ist es meist so, dass sich Geschwister quasi automatisch voneinander abgrenzen. Diese Unterschiedlichkeit zu stärken hilft dabei, Geschwisterrivalitäten vorzubeugen. Außerdem kann es die Familiensituation sehr entspannen, wenn man nicht immer alles gemeinsam unternimmt, sondern jedem Kind exklusiv Zeit widmet.

# 8 Auf der Flucht

*»Sie brennt bei jeder Gelegenheit durch.«*
*(Cameron Mitchell/Modern Family/Staffel 3/Folge 22)*

Als ich neulich einen Bekannten fragte, welche Themen ich unbedingt in diesem Buch bearbeiten sollte, antwortete er, wie aus der Pistole geschossen:

»Abhauen. Meine Kleine haut ständig ab.«

»Was, echt?«, erwiderte ich verwundert. Damit hatte ich nicht gerechnet. Ich meine, dass dies eines der dringlichen Probleme bei der Kindererziehung ist.

»Ja«, sagte mein Bekannter. »Und zwar überall. Beim Einkaufen, auf dem Spielplatz, im Urlaub, egal wo. Du guckst zwei Sekunden nicht hin und schon hast du ein Kind weniger.«

Aha, interessant. Ich dachte immer, das sei eine Verkettung unglücklicher Umstände, diese ganzen Kevins, Noahs, Finns, Leas, Amelies und Marie-Sophies, die im Einkaufszentrum ausgerufen und von ihren Eltern am Informationsstand abgeholt werden möchten. Dass diese Kinder versehentlich verloren gegangen sind. Viele Menschen, Gewusel, kurz Mamas Hand losgelassen und sie aufgrund der größenbedingt ungünstigen Perspektive aus den Augen verloren. Darauf, dass diese Kinder vorsätzlich abgehauen sein könnten, bin ich nie gekommen.

## Kein gutes Zeichen

Aber gut, dachte ich und kramte in meinem Gehirn schon mal nach passenden Serien zum Thema. Ich gucke ja sehr viele Serien für Erwachsene, wo es richtig zur Sache geht – Gangster (*Sopranos*), Rocker (*Sons of Anarchy*), psychopathische Serienkiller (*Dexter*). Wenn dort ein Kind abhaut oder plötzlich verschwindet, ist das meistens kein gutes Zeichen, dann ist es gut möglich, dass es nur äußerst leblos wieder auftaucht. Aber ich bin ja nicht hier, um Ihnen Angst einzujagen, sondern um zu helfen. Oder gehören Sie zufällig zu einer der oben genannten Berufsgruppen? Dann scheren Sie sich aber wahrscheinlich einen Dreck um unterhaltsame Sachbücher mit witzig verpackten Erziehungstipps, sondern bringen ihrem sechsjährigen Filius gerade bei, wie man gleichzeitig Motorrad fährt und dabei beidhändig auf Verfolger schießt. Ich denke aber, oder hoffe vielmehr, dass Sie bei der hier anwesenden Leserschaft die Ausnahme bilden – der Rest geht sicher wesentlich weniger gewalttätigen Beschäftigungen nach und benötigt entsprechende Tipps. Dann also besser familienfreundliche Sitcoms, die ich ebenso mag. Und davon gibt es ja jede Menge. Da war bestimmt die eine oder andere Folge dabei, in der ein Kind abgehauen ist.

## Achtung, Cliffhanger!

Ich streiche nachdenkend langsam und mit gleichmäßigen Bewegungen mit Daumen und Zeigefinger meiner linken Hand über mein Kinn … Aua! Was war das denn? Ein schmerzhafter Stich schießt kurz durch mein Kinn. Moment mal. Mein Kinn. Schmerz. Da war doch was. Etwas, das sehr lange zurückliegt. Genau! Jetzt fällt es mir wieder ein! Ich bin selbst mal abgehauen! Und ich wäre fast dabei gestorben.

Ich muss drei oder vier gewesen sein, vielleicht auch fünf. An diesem Tag bin ich sehr früh aufgewacht und sehr glücklich, denn ich hatte etwas sehr Schönes geträumt. Was genau, weiß ich nicht mehr, wovon Kinder eben so träumen, Hundewelpen, singende Eisenbahnen, Brokkoli aus Schokolade, keine Ahnung. Jedenfalls war es sehr schön und entsprechend wichtig. So wichtig, dass ich es unbedingt meiner besten Freundin Renate erzählen musste. Und zwar sofort, das duldete keinen Aufschub. Renate wohnte drei Häuser weiter, unsere Mütter waren schon ewig befreundet.

Fragen Sie mich bitte nicht, wie ich aus der Wohnung gekommen bin, daran kann ich mich beim besten Willen nicht erinnern. Ist man mit drei groß genug, um eine Türklinke zu betätigen? Vielleicht bin ich auch auf einen Stuhl gestiegen. Oder damals standen noch alle Türen offen, war ja so, die gute alte Zeit, in der alles noch besser war und man keine Angst vor bösartigen Flüchtlingen haben musste. Jedenfalls … Wie bitte? Nein, da müssen Sie jetzt nicht frenetisch applaudieren und die Bundeskanzlerin beschimpfen, das war ironisch gemeint. Ach so, Sie sind einer dieser ironiebefreiten besorgten Bürger.

Dann sind Sie hier leider falsch. Hier geht es um Erziehung – etwas, das Sie, wenn überhaupt, nicht ausreichend und in mangelnder Qualität genossen haben. Hat man Ihnen wenigstens beigebracht, wie man ein Buch zuschlägt? Und tschüs. Ist er weg? Sehr gut. Nichts ist lästiger als eine Schmeißfliege von rechts, die einen beim Schreiben ablenkt.

Wo war ich? Ach ja, das Rätsel um die geöffnete Wohnungstür. Egal wie, jedenfalls konnte ich an diesem Morgen von meinen schlafenden Eltern unbemerkt aus der Wohnung abhauen. Ich lief schnurstracks zu Renates Haus, das auf der gleichen Straßenseite lag. Weshalb ich nicht geklingelt habe, weiß ich nicht mehr. Vielleicht lagen die Klingeln zu hoch. Renate wohnte im zweiten Stock und ich wusste, welches ihr Zimmerfenster war, also stellte ich mich darunter und schrie, so laut ich konnte:

»Renaaaaaate! Renaaaaaaaate!«

Was mir gerade erst auffällt: Wer nennt denn bitte schön sein Kind Renate? Ich meine, das ist doch kein Name für ein Kind. So heißen ältere Damen mit Hüten und Spazierstöcken, zumindest nach meinem Empfinden. Genauso wie Jochen. Das ist auch kein Kindername, finde ich. Jochen ist ein pickeliger, linkischer Teenager, der im Sportunterricht immer als Letzter in jedwedes Team gewählt wird. Damals war ich namenstechnisch noch nicht so voreingenommen und ich kannte nur eine Renate, nämlich meine, also brüllte ich weiter nach ihr.

»Renaaaate! Renaaaaaate! Renaaaaaaaaate!«

Wie gesagt, es war sehr früh an einem Sonntagmorgen, wahrscheinlich hat meine schrille Kinderstimme halb Eschersheim geweckt. Und irgendwann dann auch Renate – ich hörte ihre Stimme.

»Jochen? Bist du das?«

Ich schaute nach oben, konnte sie aber nicht sehen, der Winkel war zu steil und sie war ja auch noch zu klein, um sich weit genug aus dem Fenster zu lehnen. Um sie sehen zu können, musste ich also auf die andere Straßenseite. Ich lief los. Als ich in der Mitte der Fahrbahn angekommen war, zischte plötzlich ein Auto um die Ecke – wahrscheinlich der einzige Mensch, der um diese Uhrzeit in ganz Frankfurt unterwegs war. Ob ich erstarrt stehen blieb oder noch versuchte auszuweichen, weiß ich nicht mehr. Reifen quietschten. Das Auto erwischte mich mit der linken Vorderseite. Ich flog durch die Luft und ...

Wären wir in einer TV-Serie, würde das Bild jetzt einfrieren. Dramatische Musik würde erklingen und die Folge wäre zu Ende – der perfekte Schockmoment und Cliffhanger! Wird der kleine Jochen diesen Unfall überleben? Falls ja, wird er irreparable Schäden davontragen? Welche Folgen hat das für die junge Familie? Kommt die Krankenkasse für die immensen Kosten einer zweifachen Beinamputation auf? Geht der Vater in einer Spirale aus Selbstvorwürfen und Alkohol zugrunde? Fällt Renate vor Schreck aus dem Fenster? Das alles erfahren Sie nächste Woche zur gleichen Sendezeit!

Keine Sorge, die Zeiten, in denen man eine Woche auf die Ausstrahlung der nächsten Folge seiner Lieblingsserie warten musste, sind dank Netflix & Co. zum Glück vorbei. Ein kurzer Countdown von fünf Sekunden, ein BA-DAMMMMM! und schon geht es weiter.

Ich flog durch die Luft und ... bremste den Aufprall auf dem Asphalt mit meinem Kinn ab. Gefühlt bin ich mindestens 100 Meter über die Straße geschlittert, in echt waren es wahrscheinlich nur ein paar Zentimeter. Das Auto war nicht schnell, es kam aus einer 90-Grad-Kurve und die Fahrerin war nicht auf der Flucht. Ich war, glaube ich, mehr verdutzt als erschrocken und zu plärren habe ich auch erst angefangen, als ich gemerkt habe, dass mein Kinn blutet. Renate und ihre Mutter kamen natürlich keine Minute später und haben sich um mich gekümmert. Nicht viel später hat mich meine Mutter im Nachthemd ins Krankenhaus gefahren. Mein Kinn musste nicht einmal genäht werden, aber ich habe wahrscheinlich trotzdem geschrien, als würde man mir beide Beine amputieren. Im Endeffekt war alles halb so wild, die Fahrerin des Wagens hat vermutlich nachhaltigere seelische Schäden genommen als ich. Aber wäre sie Mad Max oder Panzerfahrerin gewesen, hätte ich sterben können!

## Erregte Aufmerksamkeit

Das war aber meines Wissens nach tatsächlich das einzige Mal, dass ich abgehauen bin. Wobei, eigentlich bin ich ja gar nicht abgehauen. Ich meine, meine Intention war ja nicht, mich von meinen Eltern zu entfernen, ich wollte ja wohin, nämlich zu Renate. Zählt das im wörtlichen Sinne als Abhauen? Und ist das nicht bei den meisten Kindern, die abhauen, so? Ich meine, wenn Klein-Michi im Einkaufszentrum verloren geht, dann passiert das wahrscheinlich in den meisten Fällen doch nicht, weil er die Schnauze von seinen Eltern voll hat und unbedingt von ihnen wegwill, oder? Vielleicht gab es irgendetwas, das seine Aufmerksamkeit erregt hat? Das Schaufenster eines Spielzeugladens, ein niedlicher Hund, ein Eiscremeverkäufer, hübschere Eltern, keine Ahnung, wovon Kinder sich für gewöhnlich ablenken lassen. Da reicht auch manchmal nur ein vorbeihuschender Luftballon, wie bei Dewey aus *Malcom mittendrin.*

Sitcoms, bei denen Familien im Mittelpunkt stehen, gibt es ja mindestens so viele wie Satellitensender – und wie dort auch schaffen es nur wenige auf die Favoritenliste der Fernbedienung.

**Meine aktuelle Top 12 der Familien-Sitcoms:**

1. Die Simpsons
2. Life in Pieces
3. Modern Family
4. Eine schrecklich nette Familie
5. Malcolm mittendrin
6. Die Goldbergs
7. Roseanne
8. Wunderbare Jahre
9. American Housewife
10. Alle lieben Raymond
11. Alf
12. Hör mal, wer da hämmert

## Deutlich deftiger

Nun gibt es ja die unterschiedlichsten Familien, das ist (mittlerweile) bei Familien-Sitcoms nicht anders. Früher drehte sich dort alles eher um »normale« Familien – falls es so etwas überhaupt gibt. Mittelschicht, zwei bis drei Kinder, Hund, Häuschen mit Gartenzaun, ein paar kauzige Nachbarn, alles immer nett und gepflegt und herzlich bis kitschig, spätestens am Ende jeder Folge war die Familienwelt in bester Ordnung. *Familienbande* mit einem noch sehr jungen Michael J. Fox ist ein gutes Beispiel dafür oder *Unser lautes Heim* mit dem ebenfalls sehr jungen Leonardo DiCaprio – Sitcoms sind offenbar eine gute Brutstätte für spätere Weltstars. In den Achtzigern kam dann ein bisschen Bewegung in die serienmäßige Familienidylle.

Den Anfang machten 1987 die Bundys in *Eine schrecklich nette Familie*. Immer noch Mittelschicht, aber ein bisschen weiter unten angesiedelt, und der Humor wurde (ganz nach meinem Geschmack) schon deutlich deftiger. Ein Jahr später gelang *Roseanne* eine kleine Sitcom-Revolution. Zum ersten Mal stand eine Unterschicht-Familie im Mittelpunkt, rotzig, laut, alles andere als politisch korrekt. Das war nicht nur sehr erfrischend, sondern ebnete auch späteren, nicht unbedingt »normalen« Familien den Sitcom-Weg, so wie den Wilkersons aus *Malcolm mittendrin* – ebenfalls Unterschicht, vier Söhne als Kinder und den großartigen Bryan Cranston in der Rolle des Serienvaters. Bryan Cranston erlangte danach als Walter White in *Breaking Bad* Serienweltruhm, eine meiner absoluten Lieblingsserien, in der er ebenfalls einen Familienvater spielt, allerdings viel ernsthafter und nicht Sitcom-geeignet. In *Malcolm mittendrin* treiben ihn seine Söhne meistens zur Weißglut, was uns zurück zum (zumindest am Anfang der Serie) jüngsten Mitglied der Familie Wilkerson bringt: Dewey.

## Ein bisschen Schwund

In der letzten Folge der ersten Staffel muss Dewey zu Hause bleiben, während der Rest der Familie einen Wasserpark besucht. Als seine Babysitterin mit einem Krankenwagen abtransportiert wird und er ihr auf der Straße hinterherwinkt, purzelt plötzlich ein Luftballon vorbei. Dewey läuft ihm fasziniert hinterher – und weg ist er. Gilt das jetzt als abgehauen? Er ist ja eigentlich nicht weggelaufen, sondern seiner kindlichen Faszination gefolgt. Oder Maggie von den *Simpsons* (Staffel 3, Folge 15), die zu Hause abhaut, weil sie ihre Mutter Marge vermisst. Oder Adam von den *Goldbergs* (Staffel 2, Folge 16), der im Baseball-Stadion verloren geht, weil er dringend pinkeln muss. Sie alle laufen ja nicht weg, sondern zu etwas hin.

Später im Teenageralter ist das sicher etwas anderes, da hauen Kinder tatsächlich ab, weil sie ihre total langweiligen/spießigen/ätzenden/total unfairen Eltern nicht länger ertragen können. Als Teenager bin ich nie weggelaufen. Weil ich es nicht nötig hatte. Ich war sowieso die ganze Zeit draußen unterwegs und quasi nur zum Schlafen zu Hause. Das ging, weil mein Vater es einfach erlaubt hat. Das war in den Achtzigern, da waren die Helikoptereltern noch nicht erfunden. Wir waren alle ständig draußen. Fußball auf der Straße spielen, stundenlang allein in den Feldern hinter unserem Haus unterwegs, ich ging mit 13 zum ersten Mal allein auf ein Konzert, das war damals stinknormal.

Wie in der großartigen Serie *Stranger Things*. Die spielt in den Achtzigern und dort steht eine Gruppe Kinder im Mittelpunkt, die sind ständig allein unterwegs, ohne dass es die Eltern irgendwie interessieren oder gar stören würde. Okay, einer der Jungs verschwindet dabei in einer Paralleldimension und wird fast von einem Monster getötet, aber ein bisschen Schwund ist ja immer. Und die anderen retten ihn ja auch – was nur klappt, weil sie nicht ständig von ihren Eltern gehelikoptert werden.

## An der Leine

Was mich zurück zur am Kapitelanfang erwähnten Serienfolge aus *Modern Family* bringt, eine sehr gelungene und (wie der Titel schon anpreist) moderne Form der Familien-Sitcom. Dort geht es nicht nur um einen einzelnen Haushalt, sondern um die unterschiedlichen Zweige einer Großfamilie – ein frisch verheirateter Großvater und seine zwei Kinder, die ebenfalls schon Kinder haben. Es wird ständig zwischen drei unterschiedlichen Familiensituationen hin und her geschaltet, mal stehen die Erwachsenen im Mittelpunkt, mal die Kinder, oder es treffen alle aufeinander. So wie in besagter Folge, als alle zusammen in Disneyland sind. Lilly, die adoptierte Tochter des schwulen Paars Cameron und Mitchell (spätestens daran merkt man, dass diese Serie erfrischend und lobenswert modern ist), haut ständig ab. Um dies zu verhindern, legen ihre beiden Väter sie kurzerhand und wortwörtlich an die Leine. Ja, das gibt es tatsächlich, eine Leine für Kinder samt Geschirr – wurde wahrscheinlich gleichzeitig mit den Helikoptereltern erfunden. Rein pragmatisch gesehen ist das sicherlich eine adäquate Lösung, um abhauende Kinder zu verhindern. Aber irgendwie bleibt da doch ein pädagogisch fragwürdiger Beigeschmack, oder?

Ich meine, das muss doch irgendwelche psychologischen Folgen haben, wenn man als Kind an der Leine aufwächst. Spätestens, wenn die Tochter sich zum nächsten Geburtstag einen Kauknochen wünscht, sollte man diese Erziehungsmethode eventuell noch einmal überdenken. Andererseits: Man kann diese Leinen schließlich ganz offiziell kaufen, also sind sie vielleicht doch ein pädagogisch anerkanntes Mittel zur Verhinderung weglaufender Kinder? Und falls nicht, was kann man als Eltern sonst unternehmen, um im Einkaufszentrum nicht jedes Mal als Rabeneltern am Informationsstand dumm dazustehen?

Bei älteren Kindern könnte man zumindest heimlich eine Ortungssoftware auf dem Handy installieren. Das verhindert zwar das Abhauen nicht, hilft aber ungemein beim Wiederfinden. Oder diese elektronischen Fußfesseln, die man zur Aufenthaltsüberwachung von Straftätern verwendet, die wären doch auch perfekt geeignet. Ob es die auch in Kindergrößen gibt? Die könnte man ja vielleicht sogar so einstellen, dass sie einen kurzen Elektroschock abgeben, sobald sich Klein-Michi mehr als drei Meter von den Eltern entfernt, das ist technisch heutzutage doch absolut machbar. Und ... Wie bitte? Keine gute Idee? Sie zweifeln meinen brillanten Lösungsvorschlag an? Ich soll lieber wen fragen? Brecht? Bertolt Brecht? Aber der ist doch schon lange ... Ach so, Precht, mit P, unsere Expertin. Klar, die kann ich fragen. Moment, ich rufe sie gleich mal an.

## Ständige Alarmbereitschaft

»Precht, hallo?«

»Guten Morgen, Frau Precht«, sage ich. »Till hier. Haben Sie fünf Minuten Zeit für mich?«

»Das ist gerade schlecht, ich muss meine Kinder erziehen.«

»Ach, dafür ist doch später noch Zeit. Unser Buch ist viel wichtiger. Gönnen Sie sich einfach mal eine Pause, die Kinder sind ja später auch noch da. Es sei denn, sie hauen in der Zwischenzeit ab, was mich gleich zum Thema bringt, genau darum geht es nämlich heute. Wie verhindert man, dass Kinder abhauen? Mein Lösungsvorschlag wären direkt am Gehirn eingepflanzte Ortungschips, die zudem kleine Elektroschocks auslösen, wenn sich das Kind mehr als drei Meter von den Eltern entfernt. Was halten Sie davon?«

Schweigen.

»Keine gute Idee?«, hake ich nach.

»Man hat mir gesagt, Sie seien ein ernsthafter Schriftsteller.«

»Haha, der ist gut!«, sage ich lachend. »Wer hat Ihnen denn den Bären aufgebunden? Schriftsteller, ja, ernsthaft, nein. Ich schreibe nur Blödsinn. Für die Ernsthaftigkeit in diesem Buch sind Sie zuständig.«

»Na gut«, sagt sie seufzend. »Also, Kinder, die abhauen. Elektroschocks sind definitiv keine Lösung.«

»Öh … schade. Was denn sonst? In der Serie *Modern Family* nehmen sie ein kleines Mädchen an die Leine. Taugt das als Tipp?«

»Na ja, Kinder anzubinden wäre tatsächlich eine Lösung, ist aber ethisch gesehen sehr fragwürdig.«

»Verstehe. Keine Elektroschocks, keine Leine, was bleibt da noch?«

»Ganz einfach: Kinder, die gern abhauen, muss man ständig im Auge behalten, da bleibt einem gar nichts anderes übrig.«

»Wie jetzt? Das ist alles? Gut aufpassen? Das ist aber sehr unspektakulär.«

»Es geht ja bei der Kindererziehung auch nicht um Spektakel, sondern darum, Spektakel zu vermeiden.«

»Wie langweilig.«

»Mag sein. Aber langweilig ist in diesem Fall etwas Gutes. Stellen Sie sich vor, Sie sind mit Ihrem Kind am Meer und liegen beide gemütlich auf einem Handtuch am Strand. Sie schließen mal kurz die Augen und schon ist ihr Dreikäsehoch in Richtung Wellen gedüst, natürlich ohne schwimmen zu können. Dann haben Sie das Spektakel, und glauben Sie mir: Das wollen Sie nicht. Deshalb gilt für Eltern, deren Kinder gerne ausbüxen, die goldene Regel, ständig in Alarmbereitschaft zu sein, damit es eben kein Spektakel und schon gar kein Unglück gibt.«

> *»Es geht ja bei der Kindererziehung auch nicht um Spektakel, sondern darum, Spektakel zu vermeiden.«*

»Ständige Alarmbereitschaft, verstehe. Das klingt anstrengend.«

»Es gibt ja sogar Kinder, die dieses Abhauen und Eingefangenwerden als lustiges Spiel betrachten. Dann wird's richtig anstrengend. Oder noch schlimmer, wenn sie ein Bobbycar oder ein Laufrad haben und damit abhauen, dann muss man ihnen die fahrbaren Untersätze entziehen, zumindest in Umgebungen, in denen ein schnelles Abhauen gefährlich wird.«

»Klar. Abhauende Kinder sind also ein einziger Albtraum.«

»Na ja, im Alter von vier oder fünf wird ihnen das Abhauen langsam langweilig, dann hat sich das erst mal erledigt, zumindest bis zur Jugendzeit.«

»Genau, das wäre meine nächste Frage: Wie verhindert man denn das Abhauen von Teenagern? Darf man da wenigstens Elektroschocks anwenden? Ich meine, die sind ja schon robuster.«

»Jetzt lösen Sie sich doch mal endlich von diesen Elektroschocks. Die sind nun wirklich unter keinen Umständen angebracht oder gar notwendig.«

»Menno.«

»Hören Sie auf, sich wie ein bockiger Teenager zu verhalten. Wahrscheinlich waren Ihre Eltern heilfroh, wenn Sie mal abgehauen sind.«

»Bin ich aber nie. Meine Eltern müssen also irgendwas richtig gemacht haben. Beziehungsweise mein Vater. Meine Mutter ist gestorben, als ich zehn war, sie hat meine Pubertät nicht miterlebt.«

»Oh, das tut mir leid zu hören.«

»Danke, das ist lieb.«

»Das war bestimmt nicht leicht für Ihren Vater. Wenigstens haben Sie ihm das mit dem Abhauen erspart. Wobei es ja heißt, dass manche Eltern tatsächlich dankbar sind, wenn ihre jugendlichen Sprösslinge mal ein paar Tage unterwegs sind, auch wenn das natürlich niemand jemals zugeben würde. Sorgen machen Sie sich natürlich trotzdem, weshalb es sinnvoll ist, ganz schwierigen Pubertätsverläufen rechtzeitig vorzubeugen.«

»Das hat mein Vater nachweislich nicht richtig gemacht.«

»Sie hatten einen schwierigen Pubertätsverlauf?«

»Ich nicht. Ich hatte viel Spaß. Aber für meinen Vater war mein Pubertätsverlauf mit Sicherheit sehr schwierig.«

»Das kann ich mir vorstellen.«

»Was hätte er denn besser machen können?«

»Also, generell fängt die Prophylaxe bereits früh an. Eltern müssen klare Grenzen setzen und gleichzeitig dafür Verständnis haben, wenn ihre Kinder diese Grenzen doof finden. Man muss dafür sorgen, dass sich die noch kleinen Kinder an die Grenzen halten, darf aber gleichzeitig nicht sauer sein, wenn sie motzen, und erst recht nicht von ihnen erwarten, dass sie die Grenzen nachvollziehen können und damit einverstanden sind. Ein Kind muss die Grenzen nicht in Ordnung finden, um sie zu respektieren. Ein Kind darf das blöd finden und seine Eltern gleich mit, ohne dass diese sich deswegen fertigmachen. Eltern sollten aushalten können, wenn ihre Kinder sie zeitweise auf den Mond schießen wollen.«

»Bei uns wollte eher mein Vater mich auf den Mond schießen. Oder noch weiter weg.«

»Das ist mit Sicherheit keine Ausnahme und geht den meisten Eltern so. Eltern, die früh klare Grenzen setzen, haben es diesbezüglich etwas leichter. Deren Kinder haben schon gelernt, dass sie gewisse Zugeständnisse machen müssen und dass das auch in Ordnung ist. Das macht es ihnen leichter, grundlegende Regeln in der Familie zu akzeptieren. Kommt dann noch die elterliche Bereitschaft dazu, gewisse Veränderungen anzunehmen, die während dieser Phase auftreten können, kommt die Familie in der Regel ganz gut durch diese Zeit und niemand hat Fluchtgedanken.«

»Gewisse Veränderungen? Was genau meinen Sie?«

»Na ja, so was wie chronisch schlechte Laune, miese Noten, eigenartige politische oder gesellschaftliche Einstellungen, noch eigenartigere Freunde, die Liste ist endlos.«

»Hatte ich alles. Ich war Punker.«

»Ihr Vater war ganz sicher nicht zu beneiden. Sind wir dann fertig? Ich höre meine Kinder nicht mehr. Hoffentlich sind sie nicht abgehauen.«

»Sehen Sie? Das wäre Ihnen mit eingepflanzten Elektroschockerchips nicht passiert.«

»Das stimmt natürlich. Ist so was sehr teuer? Nein, nur ein Spaß, Herr Till. Machen Sie's gut, bis zum nächsten Mal.«

Wir legen auf.

So, ich mache jetzt mal Feierabend für heute, genug gearbeitet, man soll es ja nicht übertrei… Wie bitte? Ah, Sie sind es! Nein, ich habe Sie nicht vergessen. Wie könnte man einen kleinen Jungen im Kühlschrank vergessen? Nein, fragen war gerade schlecht, Frau Precht sucht ihre Kinder. Hat Leo die Tür inzwischen wieder freigegeben? Ja? Aber nur kurz, weil Wotan rauswollte? Was glaubt er? Dass er Superkräfte kriegt, wenn er lange genug im Kühlschrank bleibt? Wie Mr. Freeze? Hm, interessante Theorie, könnte klappen. Halten Sie mich bitte auf dem Laufe… Was? Nein, was soll denn da passieren? Wobei, ein Junge mit Superkräften könnte während der Pubertät ein echtes Problem für Sie werden. Wie alt ist Leo? Acht? Ach, dann dauert das ja noch ein bisschen, warten Sie es erst mal ab. Ob man einen Jungen mit Superkräften anders erziehen muss? Gute Frage, keine Ahnung. Ja, Frau Precht weiß das bestimmt, ich frage sie beim nächsten Mal. Ja, ganz bestimmt. Nein, Sie müssen nicht tagelang auf die Antwort warten. Das ist ja das Schöne als Leser. Ich brauche sicher ein paar Tage für das nächste Kapitel, aber Sie können sofort weiterlesen. Das ist wie bei Netflix. BA-DAMMMMM!

 **Abspann**

Anbinden oder Wegschließen ist keine Lösung, um zu verhindern, dass das eigene Kind abhaut. Bei kleinen Kindern hilft nur Aufpassen, Aufpassen, Aufpassen. Gleichzeitig muss man ihnen beibringen, sich (ohne Leine) innerhalb festgelegter Grenzen zu bewegen.

# 9 Immer diese Hausaufgaben!

*»Dein Hund hat deine Hausarbeit gefressen?«*
*(Mr. Cory/Wunderbare Jahre/Staffel 3/Folge 12)*

Der wohl älteste Eintrag im Buch der nicht glaubhaften Hausaufgabenausreden. In diesem Fall stimmt es aber ausnahmsweise einmal, Kevins Hund hat tatsächlich seine Hausarbeit gefressen – sie bestand nämlich daraus, eine Kartoffel mit nach Hause zu nehmen, sie in ein Glas mit Wasser zu stellen und zu dokumentieren, was in den folgenden Tagen mit ihr passiert. Und diese Kartoffel hat sein Hund eben gefressen. In diesem Fall ist Kevin also kein Vorwurf zu machen, er betrieb keine aus dem Ruder gelaufene Prokrastination.

Die kriegen aber auch immer sehr seltsame Hausaufgaben, diese Amis. Ständig müssen sie irgendwas mit nach Hause nehmen oder Sachen mit in die Schule bringen und etwas darüber erzählen. Zweiteres nennt sich Show & Tell und kommt in so gut wieder jeder amerikanischen Familiensitcom mindestens einmal vor. Genauso wie das Sezieren von Fröschen, was ich besonders fragwürdig finde. Worauf genau im Leben soll das die Kinder vorbereiten? Auf einen Job als Rechtsmediziner im Morddezernat für Frösche?

*Ich habe die Leiche obduziert, Kommissar Kaulquappe. Vergiftung können wir ausschließen, der Mageninhalt bestand aus einer gewöhnlichen Eintagsfliege. Der Rücken des Opfers weist winzige quadratische Quetschungen auf, genau wie bei den anderen 10 000 gefundenen Leichen. Diesmal habe ich aber Reste einer Kunstfaser entdeckt. Die Analyse hat ergeben, dass sie von einem handelsüblichen Keschernetz stammt. Ich fürchte, wir haben es hier mit einer organisierten Bande zu tun, die auf Bestellung tötet, vermutlich Organhandel. Ich hoffe, Sie schnappen diese Bestien, Chef.*

Mal im Ernst: Ich meine, keine Ahnung, wie viele Schülerinnen und Schüler es in den USA so gibt, aber wenn jeder von ihnen im Laufe seines Schülerlebens einen Frosch seziert, bedeutet das doch, dass jährlich Millionen von Fröschen nur dafür gefangen und getötet werden, damit Kinder wissen, wie eine Froschleber aussieht, das ist doch Wahnsinn. Wer fängt diese Frösche? Gibt es da eine extra Frosch-Industrie? Und was passiert hinterher mit den Fröschen? Werden die zur Zweitverwertung wenigstens nach Frankreich geschickt oder landen sie einfach in der Schulmülltonne? Und würde nicht einer dieser

Lehrfilme genügen, die Schüler in amerikanischen Serien immer gezeigt bekommen, anstatt jeden einzelnen einen Frosch zerstückeln zu lassen? Dann doch lieber Kartoffeln als Hausaufgabe. Wobei ich sie wahrscheinlich gleich mit einem Spiegelei in die Pfanne gehauen hätte. Was hätte ich dann als Ausrede benutzt?

Tut mir leid, ich konnte meine Hausaufgaben nicht machen, meine Kartoffel ist leider einer Feuersbrunst zum Opfer gefallen.

## Blaue Briefe

Um Ausreden, meine Hausaufgaben nicht gemacht zu haben, war ich ja nie verlegen. Wobei ich in einem Jahr überhaupt keine Hausaufgaben gemacht habe, da konnte ich mir die Ausreden auch gleich mitsparen, die hätte mir sowieso kein Lehrer mehr geglaubt. Das ... Wie bitte? Nein, das war kein Witz. Das war, als ich zum zweiten Mal die achte Klasse absolvieren durfte. Ich war ganz knapp sitzen geblieben, weil ich zwei Fünfer nicht ausgleichen konnte. Na ja, und als ich dann eben zum zweiten Mal in der Achten war, sah ich es irgendwie nicht ein, all die blöden Hausaufgaben noch mal zu machen. Was aber oft gar nicht auffiel, denn ich sah es genauso wenig ein, die ganzen Unterrichtsstunden ein zweites Mal zu besuchen, vor allem nicht die am frühen Morgen oder nachmittags, da hatte ich nun wirklich Besseres zu tun – schlafen, ins Schwimmbad gehen, in der Spielhalle rumhängen, so was. Dementsprechend standen in meinem Abschlusszeugnis über 100 unentschuldigte Fehlstunden und als beste Note eine 4, was selbstverständlich Konsequenzen hatte: Ich durfte die achte Klasse ein drittes Mal besuchen, diesmal im Realschulzweig.

Aber dann habe ich meine Hausaufgaben immer gemacht und war Klassenbester. Und Ältester. Als ich in der zehnten Klasse war, durfte ich schon Auto fahren sowie meine Entschuldigungen selbst schreiben. Das hatte Folgen. Nach der Zehnten bin ich nämlich wieder hoch aufs Gymnasium und habe das mit den Entschuldigungen ein wenig zu exzessiv ausgenutzt, woraufhin ich gleich die elfte Klasse wiederholen durfte. Nein, meinem Vater ist diesbezüglich absolut kein Vorwurf zu machen. Er war ja alleinerziehend und hatte keine Chance gegen meine ausufernde Pubertät.

Er musste jeden Morgen um 6:30 Uhr zur Arbeit, also vor Schulbeginn. Er hat nicht mitgekriegt, wenn ich einfach liegen geblieben bin. Und von meinen schlechten Zensuren und der dreimal wiederkehrenden Versetzungsgefahr hat er ebenfalls nichts mitgekriegt, denn ich war derjenige, der die blauen Briefe aus unserem Briefkasten geholt, ihm vorenthalten und seine Unterschrift gefälscht hat. Mein Vater hat tatsächlich dreimal erst am Tag der Zeugnisausgabe erfahren, dass ich sitzen geblieben bin. Er hat mir vertraut und ich habe dieses Vertrauen schamlos ausgenutzt. Ich frage mich heute noch, wie er meine Pubertät überstanden hat, ohne mir mehrmals täglich den Kopf abzureißen. Wenigstens konnte ich ihn zum Abschluss meiner 16-jährigen Schulkarriere mit einem bestandenen Abitur versöhnen.

Auch, wenn ich bisher vielleicht nicht unbedingt den Eindruck vermittelt habe: Ich mochte das Leben als Schüler, sehr sogar. Ich habe damals schon kapiert, dass es höchstwahrscheinlich nie unbeschwerter, sorgenfreier oder gar einfacher werden wird. Verantwortung und Arbeitsaufwand hielten sich in Grenzen, man war jeden Tag von Freunden umgeben, konnte sich dreimal täglich verlieben und irgendwo war immer eine Party. Das war eine … Wie bitte? Nein, ich gehöre ganz und gar nicht zu diesen Früher-war-alles-besser-Menschen, die sich nach der vermeintlich guten alten Zeit zurücksehnen und größtenteils sogar noch darin leben. Ich will nirgendwohin zurück, auch nicht alterstechnisch, besser als heute könnte es mir nämlich gar nicht gehen. Meine wilden Schuljahre waren gut, so wie sie waren, ich bereue nichts, möchte kein einziges missen und denke vorwiegend grinsend daran zurück. Vielleicht mag ich ja deshalb auch Highschool-Serien so gern.

**Meine Top-10-Highschool-Serien:**

1. Voll daneben, voll im Leben (Freaks and Geeks)
2. Tote Mädchen lügen nicht
3. Parker Lewis – Der Coole von der Schule
4. Glee
5. Veronica Mars
6. Beverly Hills 90210
7. Smallville
8. Buffy – Im Bann der Dämonen
9. Roswell
10. Riverdale

Ganz nebenbei: Wenn man der englischen Sprache einigermaßen mächtig ist und sie wie ich sehr liebt, tun manche deutschen Serientitel noch mehr weh als andere – siehe Platz 1 dieser Liste.

## Ein Stück Schimmelkäse

Die Frage, die Sie sich nach Schilderung meiner Schulkarriere ganz sicher mit Angstschweiß auf der Stirn stellen, ist die, wie Sie so etwas bei Ihren eigenen Kindern vermeiden können. Mein ganz persönlicher Tipp an dieser Stelle wäre: Vertrauen ist gut, Kontrolle ist besser. Wie gesagt, ich habe das blinde Vertrauen und den Umstand, dass mein Vater als alleinerziehender ebensolcher wenig Zeit hatte, schamlos ausgenutzt. Was natürlich noch dadurch begünstigt wurde, dass meine Schulen viel zu lasch mit mir als Schulschwänzer umgegangen sind, was heute sicher in der Art nicht mehr passieren würde. Heute wird ja sogar die Polizei eingeschaltet, wenn jemand ständig schwänzt, und Eltern werden zeitnah persönlich kontaktiert, wenn es größere Probleme gibt.

Außerdem sind ja heute grundsätzlich die Lehrer daran schuld, wenn ein Kind sitzen bleibt. Oder seine Hausaufgaben nicht macht. Oder falsch macht. Oder einfach dumm ist wie ein Stück Schimmelkäse. Da ist man als Eltern fein raus. Einfach alle Schuld auf die Lehrer schieben. Die müssen schließlich dafür sorgen, dass aus einem IQ in der

Höhe von Flaschenpfand später mal mindestens ein Herzchirurg wird. Dafür werden sie schließlich bezahlt. Von Eltern-Steuergeldern. Eigentlich müssten Lehrer ja heutzutage sitzen bleiben, wenn ein Kind nicht versetzt wird. Ein Jahr ohne Gehalt und Ferien. Mindestens. Diese unfähigen Faulenzer …

Falls hier gerade irgendwelche Helikoptereltern mitlesen und sich bestätigt fühlen, an dieser Stelle der Hinweis »Sarkasmus aus«. Eine Freundin von mir ist Lehrerin und die erzählt Geschichten, dass sich einem die Gehirnzellen sträuben. Heutzutage sind nicht etwa aufmüpfige Kinder das Problem an Schulen, sondern übergriffige Eltern, die offenbar denken, Lehrkräfte seien ihr höchsteigenes Personal und dürfen dementsprechend behandelt werden. Woher kommt das? Zu meiner Schulzeit hat man als Kind Ärger gekriegt, wenn man schlechte Noten nach Hause brachte, da wäre kein Elternteil auf die Idee gekommen, die Lehrer dafür verantwortlich zu machen. Genau deshalb habe ich meinem Vater ja so viel verheimlicht und seine Unterschrift gefälscht. Ich war das Problem, nicht meine Lehrer. Lehrer waren Respektspersonen, auch für Eltern. Denen war es eher peinlich, wenn das Kind schlecht in der Schule war, und sie suchten die Schuld bei sich, nicht bei den Lehrern.

Was im Umkehrschluss natürlich nicht heißen soll, dass alles Gold ist, was sich hinter Lehrerpulten so tummelt. Bei mir gab es schon auch einige Lehrerinnen und Lehrer der unfähigen Sorte, die definitiv den falschen Job hatten, weil sie weder Lehrstoff vermitteln konnten noch sozial kompetent im Umgang mit Kindern waren. Und davon gibt es heute auch noch genug, das kriege ich immer wieder bei Schullesungen mit, wenn die Einzigen, die während der Veranstaltung laut quatschen und stören, zum Lehrpersonal gehören. Da werden dann auch gern mal desinteressiert Nachrichten auf dem Handy gecheckt oder es wird ungeniert telefoniert, alles schon erlebt. Super-Vorbild. Zumindest das sollten Lehrer eigentlich möglichst immer sein. Sollten sie das nicht hinkriegen, ist es aber nicht die Aufgabe der Eltern, abends bei ihnen zu Hause anzurufen oder gar zu klingeln, um sie anzumeckern – das sollte dann doch besser schulintern geregelt werden. Ich klingle ja auch nicht abends bei der Supermarktkassiererin, um sie anzuschreien, weil der von mir gekaufte Joghurt nicht schmeckt.

## Hilfreiche Streber

Als Serienkind wäre meine Schulkarriere garantiert anders verlaufen. In Familien-Sitcoms gibt es zwar auch Kinder, die keine Lust auf Hausaufgaben haben und Ärger in der Schule kriegen, aber dort werden diese Probleme immer in 22 Minuten gelöst und am Ende der Folge ist alles wieder in Ordnung. Wie das funktioniert? Meistens werden dazu die Streber-Geschwister benutzt, von denen es in so gut wie jeder Familien-Sitcom eins gibt. Bei *Malcolm mittendrin* ist es zum Beispiel Malcolm selbst, der eindeutig das hellste Köpfchen der Familie ist – seine Eltern eingeschlossen. Als sein alles andere als heller Bruder Reese droht in die Förderklasse abzurutschen, wird Malcolm dazu verdonnert, ihm Nachhilfe zu geben (Staffel 2/Folge 19). Kein leichtes Unterfangen, eher bringt man einem Ochsen das Perlentauchen bei. Aber Malcolm ist ein guter Nachhilfelehrer und Reese kapiert tatsächlich so viel, dass es für eine bessere Note in der nächsten Arbeit reichen müsste.

Tut es aber nicht, Reese kriegt wieder eine Sechs und Malcolm wittert, dass da irgendetwas nicht stimmt. Sollte Reese ausnahmsweise einmal recht und der Lehrer ihn tatsächlich auf dem Kieker haben? Will er ihn nur in die Förderklasse anschieben, um ihn loszuwerden? Vorzuwerfen wäre das keinem Lehrer, Reese ist echt die Pest, so schlimm war selbst ich nie. Aber korrekt ist dieses Vorgehen natürlich nicht. Um es nachzuweisen, schreibt Malcolm die nächste Arbeit für seinen Bruder selbst und siehe da, auch darauf gibt es eine Sechs, Beweisführung abgeschlossen. Okay, zugegeben, blödes Beispiel, weil hier tatsächlich einmal ein Lehrer schuld war – für Reeses grundsätzliche Dummheit und dessen grundsätzlich fiesen Charakter kann er trotzdem nichts.

Barry, der ältere Bruder aus *Die Goldbergs*, ist zwar nicht so fies, aber ebenso wenig intelligent wie Reese. Für die Schule zu lernen gehört

für ihn und seine Kumpels nicht gerade zu den beliebtesten Freizeit-
beschäftigungen, aber die nächste Geschichtsarbeit steht leider an. Als
die Jungs einen Film im Kino sehen, in dem es um Computerhacker
geht (muss einer der ersten gewesen sein, spielt ja in den Achtzigern),
kommt Barry auf eine Idee. Sein kleiner Streberbruder Adam kennt
sich doch mit Computern aus und besitzt sogar selbst einen, also bittet
er ihn, sich in den Schulcomputer einzuhacken und einfach die Noten
der Jungs zu fälschen.

Hach, die wunderbare Naivität der Hirnlosen. Dass das für ihn rein
technisch nicht möglich ist, begreift der clevere Adam natürlich sofort.
Aber er bewundert diese Jungs und würde gern in den exklusiven
Freundeskreis seines Bruders aufgenommen werden. Um dies zu erreichen, wäre es natürlich nicht schlecht, ihnen diesen Wunsch zu er-
füllen. Also greift er zu einem Trick, indem er den Jungs sagt, er
braucht zum Hacken sämtliche relevanten Daten, auch jene, die für
die Geschichtsarbeit wichtig sind. Die Jungs schnappen sich ihre Ge-
schichtsbücher und lesen ihm alles vor – und schon hat man ein paar
Hohlköpfe zum freiwilligen Lernen gebracht, ohne dass sie es merken.
Natürlich kommt dieser Trick irgendwann raus, aber da hat Adam
längst festgestellt, dass es sehr wenig wünschenswert, geschweige
denn toll ist, mit einem Haufen pubertierender Jungs abzuhängen, die
außer Toaster in die Luft werfen, sich über die eigenen Witze schlapp-
lachen und verstohlen Mädchen hinterherglotzen nichts draufhaben.

## Genfer Konventionen

Dieser Trick funktioniert natürlich nur in diesem einen speziellen Fall
und hilft Eltern, deren Kind nicht gerne lernt oder Hausaufgaben
macht, kein bisschen weiter.

Richtig schwierig wird es ja, wenn Eltern sich nicht einig sind, was die
schulischen Leistungen ihres Kindes betrifft, so wie Homer und Marge
(*Die Simpsons*, Staffel 21, Folge 14). Während Homer der Meinung ist,
sein Sohn Bart müsse mehr für die Schule tun, findet Marge, dass er
völlig überfordert ist und somit weniger machen sollte. Bart ist zwar

auch nicht der Hellste, wenn es um die Schule geht, ansonsten ist er aber sehr clever. Er nutzt die Uneinigkeit seiner Eltern, um sie gegeneinander auszuspielen, was zu einer mittelschweren Ehekrise führt. Als Homer und Marge merken, was für ein Spiel Bart mit ihnen treibt, ignorieren sie ihn fortan einfach und konzentrieren sich auf ihre Ehe – keine gute Idee bei einem Satansbraten wie Bart, der diesen elterlichen Freischein dazu nutzt, um mit einer U-Bahn ein Erdbeben auszulösen und so die marode Schule einstürzen zu lassen.

Ganz so schlimm war ich zwar nie, aber Sie sehen, es ist grundsätzlich keine gute Idee, Kinder zu lange unbeaufsichtigt zu lassen. Und zum Hausaufgabenmachen und Lernen bringt man sie so ganz sicher auch nicht. Aber wie sonst? Gut zureden ist bei Kindern wie Bart, Reese, Barry oder mir wohl kaum eine Lösung. Androhung von Folter? Pro nicht gemachte Hausaufgabe zehn Peitschenhiebe? 20? 30? Wie bitte? Genfer Konventionen? Gelten die auch für Kinder? Echt? Selbst für eigene Kinder? Ach was. Ich dachte immer, mit den eigenen Kindern könne man machen, was man will. Nein? Sicher? Sie waren schon mal in Genf? Na gut, dann müssen Sie es ja wissen. Dann bin ich allerdings mit meinem stets geschwänzten Latein am Ende und muss Frau Precht anrufen. Augenblick.

## Die Prokrastinationslampe

»Ja, Precht.«

»Hallo, Frau Precht. Till hier. Haben Sie einen Moment für mich?«

»Wenn's nicht allzu lange dauert. Ich muss in einer halben Stunde zum Elternabend.«

»Oh, das klingt unangenehm.«

»Nein, wieso?«

»Na ja, vielleicht erfährt man da ja Sachen über seine Kinder, die man noch nicht weiß und vielleicht gar nicht wissen möchte.«

»Sie sprechen aus Erfahrung?«

»Lassen Sie es mich so sagen: Ich habe immer dafür gesorgt, dass mein Vater nicht wusste, wenn ein Elternabend stattfand.«

»Sie waren also nicht gut in der Schule?«

»Dafür fehlt jetzt die Zeit. Sagen Sie mir lieber, wie man verhindert, dass man am Elternabend erfährt, dass das eigene Kind seit einem Jahr keine Hausaufgaben mehr gemacht hat.«

»Oje, Hausaufgaben, schwieriges Thema. Mal ganz ehrlich: Wer hat schon Lust auf Hausaufgaben? Das ist ja ein bisschen so, wie wenn wir Erwachsenen das Klo putzen müssen. Da geht beinahe automatisch in unserem Gehirn die Prokrastinationslampe an. Ach, das hat doch Zeit bis morgen, das läuft ja nicht weg, so schlimm ist es ja noch nicht. Irgendwann im Laufe des Lebens lernen wir hoffentlich: Verschieben tut nicht gut. Und dann machen wir einen Putzplan. Und merken mit der Zeit: Es wird leichter. Wir machen es einfach und dann ist es getan. Denn spannend ist: Nicht die unangenehme Aufgabe an sich quält uns am meisten. Es ist das Zögern vorher, dieses »Soll-ich-oder-soll-ich-nicht?«, die Zeit vor der Entscheidung. Je länger das dauert, umso größer die Qual und umso schrecklicher die Aufgabe.«

»Also, ich finde Kloputzen immer noch sehr lästig.«

»Aber Sie machen es doch hoffentlich?«

»Nein, ich leiste mir einmal im Monat eine Putzhilfe.«

»Schön für Sie. Aber das geht als Kind in Bezug auf Hausaufgaben natürlich nicht.«

»Es sei denn, man ist ein Bully und zwingt andere Kinder durch Gewaltandrohung, die Hausaufgaben für einen zu machen. Ich hatte mal so einen in der Parallelklasse.«

»Aha. Und wissen Sie, was er heute macht?«

»Ja, ich habe ihn neulich auf Facebook entdeckt, er macht dort Werbung für die AfD.«

»Sehen Sie, genau das kommt davon, wenn man seine Hausaufgaben nicht selbst macht: Man bleibt sein Leben lang dumm, ungerecht und niemand kann einen leiden.«

»Sie haben rückständig, asozial und widerwärtig vergessen, ansonsten kann ich Ihnen da nur zustimmen. Aber was, wenn man nun mal absolut keine Lust hat, Hausaufgaben zu machen?«

»Dann sind selbstverständlich die Eltern gefragt. Eltern können Kindern dabei helfen. Die Zeit für die Hausaufgaben wird in einen bestimmten, immer gleichen Ablauf eingebaut. Einmal eingeführt, bleibt er, wie er ist. Zum Beispiel: Nach der Schule essen und eine halbe Stunde chillen, danach sind die Hausaufgaben dran. Und zwar auch dann, wenn der Nachwuchs sich der Aufgabe gerade noch nicht subjektiv gewachsen fühlt, also ab der ersten Klasse, ohne Ausnahme. Wobei, doch, es kann auch Ausnahmen geben. Ein Zahnarztbesuch, zum Beispiel. Oder 40 Grad Fieber. Oder akuter Durchfall. Es muss schon etwas wirklich Wichtiges sein. Alles andere findet erst nach den Hausaufgaben statt. Das Treffen mit Freunden (außer, es werden zusammen Hausaufgaben gemacht), das Computerspiel, der Sportverein, ja sogar die Lieblingsserie.«

---

*»Struktur und freundliche Konsequenz.*
*Das ist der erste wichtige Pfeiler.«*

---

»Die Lieblingsserie? Sie sind aber hart.«

»Na ja, nicht wirklich. Es ist ja heutzutage nicht mehr so, dass eine Serie nur zu einer bestimmten Uhrzeit läuft. Das meiste kann man jederzeit irgendwo streamen. Und Hausaufgaben sind nun mal wichtiger.«

»Das ist Ansichtssache. Aber Sie haben natürlich recht, Serien kann ich heutzutage gucken, wann ich will, da bin ich nicht an Ausstrahlungszeiten im Fernsehen gebunden. Das heißt also, wenn das Kind nicht gerade todsterbenskrank ist, werden die Hausaufgaben zu einem festen Zeitpunkt gemacht?«

»Genau. Mit den Jahren verfestigt sich diese Routine und spätestens in der vierten Klasse haben die lästigen Diskussionen meist ein Ende. Zum Glück. Und natürlich vorausgesetzt, die Eltern waren konsequent. Waren sie es nicht und haben immer wieder Ausnahmen gemacht, schafft es der Nachwuchs wahrscheinlich auch in der weiterführenden Schule noch nicht, diszipliniert und zügig an die Hausaufgaben zu gehen. Und dann wird es immer schwieriger, die elterlichen Vorstellungen durchzusetzen. Struktur und freundliche Konsequenz. Das ist der erste wichtige Pfeiler.«

»Freundliche Konsequenz ist ein schöner Ausdruck, das gefällt mir. Und der zweite Pfeiler wäre?«

»Nun ja, manchmal steht ja auch der schlaueste Nachwuchs auf dem Schlauch. Dann ist die Versuchung groß, bei den Hausaufgaben aktiv zu helfen. Vor allem Kindern, die sich sicht- und hörbar sehr damit plagen. Aber Achtung, das ist eine Falle! Denn nur durch Selbstdenken lernt man etwas. Es macht durchaus Sinn, eine Aufgabenstellung mal zu erklären – nicht aber die Lösung der Aufgabe zu übernehmen. Das sollen die Kinder selbst herausfinden, auch wenn es mal ein bisschen länger dauert. Und wenn die Ergebnisse nicht alle stimmen, können sie in der Schule mit dem Lehrer schauen, was sie anders machen müssen. Der ist nämlich fürs Erklären zuständig und braucht das Feedback über die Hausaufgaben, ob die Lerninhalte verstanden wurden oder nicht. Hat ein Kind die Aufgaben nicht verstanden und bringt trotzdem eine vollkommen korrekte Hausaufgabe mit, geht er davon aus, dass alles verstanden und verdaut wurde – selbst wenn das überhaupt nicht der Fall ist.«

»Ah, okay, verstehe. Helfen ja, Lösungen nein.«

»Richtig. So lernen Kinder Eigenverantwortung. Die hilft nicht nur bei den Hausaufgaben, sondern später auch in der Lehrstelle oder an der Uni.«

»Ach ja, immer diese Eigenverantwortung. Die habe ich ja grundsätzlich abgelehnt, bis ich ungefähr 30 war. Wahrscheinlich habe ich deswegen 34 Semester ohne Abschluss studiert.«

»34 Semester? Das ist allerdings eine stramme Leistung im Prokrastinieren. Dafür können Sie Ihre Eltern aber nicht verantwortlich machen.«

»Nein, keine Sorge, mache ich auch nicht. Auch, wenn es mir an Eigenverantwortung gefehlt hat, eigene Entscheidungen habe ich immer getroffen.«

»Nicht immer die besten, offenbar.«

»Wieso? Alles, was ich gemacht, oder eben nicht gemacht habe, hat mich hierhergeführt. Ich darf ein tolles Buch schreiben und mit Ihnen telefonieren – es könnte schlimmer sein.«

»Das stimmt natürlich. Auch holprige Lebenswege führen ans Ziel. Und mein nächstes Ziel ist das Badezimmer, ich muss mich noch für den Elternabend frisch machen. Oder hatten sie noch Fragen zu diesem Thema?«

»Nein, das war's. Oder ... Irgendwas wollte ich noch fragen. Irgendwas sollte ich noch fragen. Irgendwas Wichtiges. Aber nicht für mich, für jemand anderen. Mist, ich komm nicht drauf. Ach, egal, das hat Zeit bis zum nächsten Mal, fällt mir bestimmt wieder ein.«

»So viel zum Thema Prokrastination.«

»Eher zum Thema Siebhirn. Ich wünsche Ihnen einen schönen Elternabend. Und keine Hiobsbotschaften.«

»Malen Sie den Teufel nicht an die Wand.«

»Keine Sorge. Wenn ich etwas nicht kann, dann ist das malen. Das hat man bereits sehr deutlich an meinen Hausaufgaben für den Kunstunterricht gesehen.«

Wir legen auf.

Verdammt, das beschäftigt mich jetzt den ganzen Tag lang. Kennen Sie das, wenn man etwas Wichtiges vergessen hat und es einem nicht mehr einfällt? Wahrscheinlich fällt es mir ein, wenn ich gerade im Bett liege und kurz vorm Einschlafen bin. Und dann bin ich hellwach, weil ich mich darüber ärgere, dass es mir nicht früher eingefallen ist, und kann nicht einschlafen. Das ärgert mich doch sehr jetzt. Was könnte … Wie bitte? Stimmt! Sie haben recht! Der kleine Leo! Das war es, was ich Frau Precht fragen wollte! Tausend Dank, Sie haben mir den Tag gerettet! Das hätte sonst die ganze Zeit in meinem Hinterkopf herumgespukt und so was ist extrem lästig beim Schreiben. Was ist denn mit Leo? Hat das mit den Superkräften geklappt? Wie, Sie wissen es nicht? Weil der Kühlschrank weg ist? Wie, der Kühlschrank ist weg? Ein Kühlschrank verschwindet doch nicht einfach mal so. Es sei denn, Sie haben ein Raum-Zeit-Portal in der Küche. Haben Sie ein Raum-Zeit-Portal in der Küche? Nein? Hätte mich auch gewundert. Dann waren es vielleicht Einbrecher? Eine Bande skrupelloser Kühlschrankdiebe, heutzutage wird ja alles geklaut. Wie bitte? Da liegt ein Zettel? Was steht denn da drauf? Aha, das erklärt es natürlich. Ihr Mann hat die Raten nicht bezahlt und der Kühlschrank wurde von der Firma abgeholt. Und das haben Sie nicht mitgekriegt? Ach so, Sie waren Prosecco kaufen und haben vergessen, die Haustür abzuschließen. Ja, das kann natürlich immer mal passieren. Was Sie jetzt machen sollen? Nein, da ist Frau Precht sicher nicht die richtige Ansprechpartnerin. Am besten, Sie setzen sich sofort ins Auto und fahren zu dieser Firma. Nein, keine Sorge, die dürfen Ihren Sohn garantiert nicht behalten, den haben Sie ja schließlich selbst hergestellt. Ja, das wird schon, kein Grund zur Panik. Packen Sie vielleicht vorsichtshalber die Geburtsurkunde ein, damit Sie auch beweisen können, dass er Ihnen gehört. Wie bitte? Nein, keine Ahnung, ob die Luftzufuhr in einem Kühlschrank ohne Stromversorgung funktioniert. Ja, beeilen Sie sich lieber. Und sagen Sie mir bitte Bescheid, wenn Sie Leo gefunden haben – der kleine Racker ist mir irgendwie ans Herz gewachsen.

So, was kommt als Nächstes? Hm, schwierig, ich kann mich nicht für ein Thema entscheiden. Ach, das muss ja nicht jetzt gleich sein. Ich glaube, ich gehe erst mal in die Küche und hole mir was zu essen. Vorausgesetzt, mein Kühlschrank ist noch da.

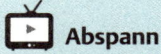 **Abspann**

Ob kreative Ausreden, kriminelle Versuche, um an die Lösungen für
Tests und Klassenarbeiten zu kommen oder gar gleich bereits fest-
stehende Noten zum Besseren zu ändern – Serienkinder dienen in
Sachen Hausaufgaben oft nur als schlechtes Vorbild. Für die positive
Motivation muss man als Eltern leider selbst ran.

# 10 Herzschmerz

*»Das Universum ist kalt und lieblos.«*
*(Manny Delgado/Modern Family/Staffel 1/Folge 15)*

Ja, das ist es. Und ganz besonders kalt und lieblos ist es, wenn man wie Manny akuten Liebeskummer hat. Er hat ein Gedicht für seine Angebetete geschrieben, diese hat es auch gelesen und für gut befunden, nur leider hat sich einer von Mannys Klassenkameraden als Verfasser ausgegeben, deshalb sitzt die Holde nun nicht mit Manny, sondern mit ebenjenem Gedichträuber beim Rendezvous. Das tut weh. Unendlich weh. Weltuntergangsweh.

Diesbezüglich spreche ich aus Erfahrung. Ganz viel Erfahrung. Mit Liebeskummer kenne ich mich aus wie kein Zweiter. Wenn nicht durch Shakespeare, Goethe und unzählige andere Kollegen literarisch belegt wäre, dass es Liebeskummer bereits vor meiner Zeit gab, würde ich sogar so weit gehen zu behaupten, dass ich der Erfinder und einzig wahre König des Prinzips Liebeskummer bin. Ich war quasi meine gesamte Pubertät lang unglücklich verliebt. Oder, nein, stimmt nicht, das fing sogar schon in der Grundschule an. Da gab es dieses Mädchen in meiner Klasse, Andrea, und sie hat Jungs, die sie ärgerten, immer mit ihren Clogs verkloppt, die waren damals noch aus Holz. Es hat mir irgendwie imponiert, dass sie sich nichts gefallen ließ, und wenn es einmal Grund dafür gab, konnte sie supersüß lächeln.

Das war fortan auch immer mein Verderben: wenn ein Mädchen supersüß gelächelt hat. Das genügte schon, um mich unsterblich in eine zu verlieben. Leider habe ich mich dabei nie sehr geschickt angestellt und immer zu lange gewartet, bis ich ihnen meine unsterbliche Liebe gestand – da war es jeweils viel zu spät und ich ein sehr guter und wichtiger Freund für sie, dem man stundenlang etwas über andere Jungs vorjammern, ihn aber niemals küssen wollte. Oh, was habe ich gelitten. Darin war ich wirklich Weltmeister. Dieses verflixte süße Lächeln ist die Achillesferse meines Herzens. Das funktioniert natürlich auch bei Serienfrauen, da gibt es meistens genau einen weiblichen Charakter pro Serie, der mich zum Schwärmen bringt.

**Meine ganz persönlichen Top-10-Seriencharaktere zum Verlieben:**

1. Joan Holloway (Mad Men)
2. Amantha Holden (Rectify)
3. Dana Scully (Akte X)
4. Jessica Hamby (True Blood)
5. Kate Weston (In Treatment – Der Therapeut)
6. Jessica Jones (Jessica Jones)
7. Sarah Walker (Chuck)
8. Jessica Day (New Girl)
9. Dr. Leslie Thompkins (Gotham)
10. Phoebe Halliwell (Charmed)

## Arg theatralisch

In der Realität war ich immer äußerst tiefgreifend verliebt. In Simone, zum Beispiel. Da hat es satte zweieinhalb Jahre lang gedauert, bis ich ihr meine Liebe gestand – das dann allerdings gleich sehr gründlich. Ich habe sämtliche Gedichte, die ich für sie oder ihretwegen in diesen zwei Jahren geschrieben habe, mithilfe eines Buchbinders zu einem wunderschönen Buch zusammengestellt, das ich dann kurz vor Weihnachten hübsch verpackt mit einem Puls von gefühlten 390 in ihren Briefkasten fallen ließ. Das war sozusagen mein allererstes Buch, Auflage: 1 Exemplar. Die einzige Rezension dazu ließ zwei schlaflose Nächte auf sich warten – und sie war vernichtend. Bla, bla, bla ... Freunde bleiben ... Bla, bla, bla ... Trotzdem schöne Weihnachten ... Bla, bla, bla ... Dem Verurteilten ist unverzüglich und möglichst schmerzvoll das Herz aus dem Brustkorb zu reißen und so lange darauf herumzutrampeln, bis nichts mehr davon übrig ist.

Ja, ich weiß, ich habe viel zu lange gewartet. Und Gedichte bewegen heutzutage kaum noch Mädchenherzen, dafür war ich sogar um die 100 Jahre zu spät dran. Außerdem lässt sich Liebe eben nicht erzwingen und das nächste süße Lächeln wartet bereits um die Ecke. Das weiß ich heute. Damals war allerdings jede Abfuhr ein Weltuntergang, in dem ich mich gesuhlt habe. Wenn ich etwas gut konnte, dann war das, mein Leiden zu zelebrieren. Niemand war so arm dran wie ich, so viel stand ja wohl fest. Und dementsprechend konnte mir auch niemand helfen, als Allerletztes mein Vater. Was wusste der schon von Liebe und den damit verbundenen Schmerzen? Ich wäre nie auch nur auf die Idee gekommen, ihm davon zu erzählen. Und er hat das Thema von sich aus auch nie angesprochen. Worauf er meine wochenlang zur Schau gestellte Leidensmiene zurückführte, weiß ich nicht, aber, wie gesagt, helfen konnte mir sowieso niemand, Da musste ich allein durch. Wie ich das geschafft habe, ohne täglich verzweifelt von einer Brücke zu springen?

Ich habe noch mehr Gedichte geschrieben. Jedes Mal, wenn ein Mädchen mein Herz zertrampelte, griff ich zum Stift und brachte das Leiden zu Papier. Heraus kamen dabei Gedichte wie dieses:

---

*Mein Herz zersprang in tausend Stück.*

*In einem kurzen Augenblick*

*brach gutes Glück zu Scherben.*

*Mein Herz zersprang in tausend Stück.*

*Ein dummes, kleines Missgeschick,*

*und doch ein Grund zu sterben.*

---

Keine Sorge, wie sie ja lesen können, bin ich noch da. Und rückblickend wirkt das selbst für mich arg theatralisch und übertrieben. Aber genau so hat es sich tatsächlich und echt und wahrhaftig angefühlt. Mit Liebeskummer ist nicht zu spaßen, schon gar nicht in der Pubertät. Das Lösungsprinzip Freitod schwebte zumindest theoretisch ständig in meinem Hinterkopf herum, schlimmer konnte das Leben meiner Gefühlslage nach ja nicht mehr werden. Und das Einzige, was mir damals beim Überleben half, waren meine Gedichte. Sobald ich etwas zu Papier gebracht hatte, war es schon nicht mehr ganz so schlimm.

Das funktioniert auch wahrscheinlich, wenn es sich nicht reimt, und wäre mein ganz persönlicher Tipp für alle Liebeskummergeschädigten, die sich niemandem anvertrauen wollen oder können.

Kreativität als Selbsttherapie ist ja auch keine Seltenheit, manche verarbeiten ihren Liebeskummer in Liedern, andere in Bildern oder Geschichten, mir hat es jedenfalls immer geholfen. Aber was macht man, wenn man kein kreatives Ventil für das eigene Leid besitzt? In Serien helfen in solchen Fällen meistens Freunde oder Verwandte, entweder mit dummen Ideen oder vermeintlich klugen Ratschlägen.

## Dumm gelaufen

Eingangs zitierter Manny Delgado (*Modern Family*) klagt sein Leid seinem Onkel, der daraufhin kurzerhand mit ihm dorthin fährt, wo der Gedichtedieb gerade das unrechtmäßig erworbene Rendezvous mit Mannys Angebeteter absolviert. Der Schuft wird öffentlich zur Rede gestellt, das Mädchen erfährt die Wahrheit – und entscheidet sich trotzdem für den Reimeräuber, weil er einfach süßer aussieht. Dumm gelaufen, aber wenigstens weiß Manny jetzt, dass diese Herzensdiebin sein Gedicht gar nicht verdient hatte, und somit sieht die Welt gleich nicht mehr ganz so kalt und lieblos aus.

Dass Liebeskummer nicht nur bei unerwiderter Liebe, sondern nicht weniger schlimm nach Trennungen auftritt, sehen wir zum Beispiel an Malcolm in *Malcolm mittendrin* (Staffel 3, Episode 4). Malcolm hat seine erste Freundin und geht komplett im Liebesrausch auf. Jede Minute des Tages dreht sich um die frische Beziehung, jedes Treffen, jeder Kuss, jedes Händchenhalten muss genauestens terminiert werden und Abweichungen irritieren und verunsichern ihn zutiefst. Als er ihr zum Zweck der ständigen Erreichbarkeit einen Pager (ja, das waren noch Zeiten) schenkt, wird ihr sein Kontrollzwang zu viel und sie macht mitten auf dem Schulhof Schluss, wo für Malcolm die ganze Welt und er selbst erbärmlich heulend zusammenbricht. Damit endet die Folge und in der nächsten Episode werden Vorfall und Ex-Freundin nicht einmal mehr erwähnt – so einfach ist das manchmal im

Fernsehen, das wäre im echten Leben auch sehr praktisch. Liebeskummer? Kein Problem, da spulen wir einfach ein paar Wochen vor, dann hat sich das erledigt.

D.J. Tanner aus *Full House* (Staffel 2, Episode 11) wird dieser Luxus nicht zuteil, obwohl sie ja auch ein TV-Kind ist. Ihr Freund macht mitten in der Küche mit ihr Schluss und liefert die reizende Begründung, sie sei ihm nicht hübsch genug. Also, jetzt mal im Ernst: In manche Jungs/Männer möchte man den Anstand doch selbst als überzeugter Pazifist am liebsten hineinprügeln. Ich meine, was stimmt mit solchen Typen nicht? Klar, man kann eine Frau nicht hübsch finden, das ist nicht verwerflich und stets eine rein subjektive Meinung, kein Problem. Aber dann fange ich doch erst gar nichts mit ihr an und sage es ihr ganz sicher nicht beim Schlussmachen ins Gesicht! Geht's noch? So was regt mich echt kolossal auf, da könnte ich schier ausrasten.

Die adäquate Reaktion von D.J. wäre in diesem Fall ein ansatzloser Tritt in seine Weichteile gewesen, aber dafür war *Full House* leider zu familienfreundlich. Stattdessen verkriecht sich D.J. verständlicherweise heulend unter ihre Bettdecke und lässt sich noch nicht einmal von ihrem Vater und seinen zwei lustigen Kumpanen darunter hervorlocken.

Die kleine Schwester ist in so einem Fall auch eher nervig als hilfreich und wird kurzerhand rausgeschmissen. Erst als sich mit Becky eine erwachsene Frau daran versucht, D.J. aufzumuntern, wird es besser. Becky fordert D.J. dazu auf, ihre besten Eigenschaften laut aufzuzählen, und siehe da, schon fühlt sie sich viel besser und erkennt, dass nicht sie, sondern der gefühllose Vollidiot ein Problem hat. Ob das allein die Zauberformel gegen Liebeskummer ist, möchte ich bezweifeln – das wahre Leben folgt leider keinem Drehbuch. Daher fragen wir doch lieber Frau Precht, wie man als Eltern am besten mit Liebeskummer umgeht, ich rufe sie gleich mal an.

## Fresse polieren

»Ja, Precht?«

»Hallo, Frau Precht, Till hier. Störe ich?«

»Na ja, wie man's nimmt«, sagt Frau Precht seufzend. »Ich habe es mir gerade mit einem Buch auf dem Sofa gemütlich gemacht.«

»Sehr gut, lesen kann man nie genug. Hoffentlich keine Fachliteratur? Das wäre ja dann schon wieder Arbeit.«

»Nein, ausnahmsweise mal nicht. Ich gönne mir zur Abwechslung mal einen leichten Liebesroman.«

»Sagten Sie leicht oder seicht? Keine Wertung, ich habe es bloß nicht richtig verstanden.«

»Leicht. Seicht trifft es aber in diesem Fall auch. Manchmal brauche ich so was, das entspannt mich.«

»Dafür müssen Sie sich nicht rechtfertigen, auch Liebesromane haben ihre Daseinsberechtigung und wollen gelesen werden. Was mich zu einer interessanten Frage bringt: Kann man Liebesromane eventuell auch therapeutisch einsetzen?«

»Therapeutisch? Wie meinen Sie das?«

»Bei Liebeskummer, zum Beispiel. Hilft das Lesen von Liebesromanen bei Liebeskummer?«

»Hm … gute Frage. Helfen wäre wohl zu viel gesagt, aber ein schöner Liebesroman mit einem kitschigen Happy End kann bei Liebeskummer sicher ein bisschen trösten und einem die Hoffnung vermitteln, dass irgendwann doch alles gut wird. Ist das Ihr Thema für heute? Liebeskummer?«

»Ja. Die Frage wäre, wie man als Eltern damit umgeht, wenn sich das eigene Kind im Liebeskummer-Weltschmerz suhlt.«

»Ach ja, der Liebeskummer«, sagt Frau Precht seufzend. »Irgendwann schlägt er unweigerlich zu, da führt kein Weg daran vorbei. In der Regel passiert das irgendwann zwischen elf und 14 und wird von Eltern erst mal gern nostalgisch verklärt belächelt. Sie erinnern sich noch vage an den- oder diejenige, in die sie damals selbst verknallt waren, und was für ein Idiot oder was für eine blöde Kuh dann daraus geworden ist. Also kein Verlust. Eher ein Grund zum Feiern. Und überhaupt ist es viel zu früh für die wirkliche Liebe, da kommen noch andere, jeder Topf findet seinen Deckel und so weiter. Das sind häufig die Ratschläge, die Eltern ihren Kindern dann geben. Gut gemeint und mit katastrophalem Ergebnis. Denn ein Kind oder Teenager mit gebrochenem Herzen besteht voll und ganz aus Schmerzen. Zugegeben, die dauern oft nicht lange an. Aber in dem Moment, in dem sie gespürt werden, sind sie alles, was wichtig ist. Eltern, die einem nun einreden wollen, darüber komme man schnell hinweg, haben einfach keine Ahnung. Noch schlimmer: Sie verstehen einen nicht. Diese Eltern disqualifizieren sich für das Amt des Ratgebers und werden schlichtweg in den nächsten Jahren nicht mehr gefragt, nicht mehr eingeweiht und auch nicht ins Vertrauen gezogen. Sie sind draußen.«

»Klar, da fühlt man sich nicht verstanden und schon gar nicht ernst genommen. Wenn sich das Kind den Arm bricht, sagt man als Elternteil ja auch nicht: Och, das wird schon wieder, stell dich nicht so an. Und dabei ist ein akut gebrochenes Herz doch wesentlich schmerzhafter als ein gebrochener Arm.«

»So ist es. Und wenn die Eltern in dieser Beziehung erst mal draußen sind, kriegen sie den Liebeskummer nicht einmal mehr mit. Ganz im Gegenteil: Sie sehen, dass ihre Kinder scheinbar gut drauf sind, vielleicht ein wenig bruddelig, normal für die Zeit der Jugend, aber wirklichen Kummer haben sie nicht, sie verlieben sich nicht, werden nicht enttäuscht, alles ist also gut. Dabei kriegen die Eltern das einfach nur nicht mit.«

»Das stimmt. Mein Vater hat nie mitgekriegt, wenn ich vor Liebeskummer am liebsten sterben wollte.«

»Ja, das ist leider oft so, muss aber eben nicht sein. Hat ein Kind Liebeskummer und erzählt seinen Eltern davon, weint vielleicht sogar in ihren Armen, dann sollten diese Eltern innerlich jubeln, denn sie haben einen Draht zu ihrem Kind, es vertraut sich ihnen an, sie sind noch dabei. Diesen Jubel dürfen sie dem Kind natürlich auf keinen Fall zeigen!«

»Ja, das wäre sicher kontraproduktiv. ›Yippie, dir geht es schlecht! Darauf habe ich die ganze Zeit gewartet, das ist echt super!‹ Aber was genau sagt man denn dann? Wie macht man es richtig?«

»Das Einzige, was hilft, wenn die holde Tochter dem pickelgesichtigen Rüpel aus der Parallelklasse nachweint, der auf dem Schulhof ihrer besten Freundin den Hof macht, ist trösten, trösten, trösten. Aber auch das will richtig gemacht werden. Da gibt es ein paar Sätze, die gar nicht gehen.«

»Zum Beispiel?«

»›Er ist es nicht wert. Du wirst sehen, in ein paar Wochen hast du ihn vergessen. Du bist viel zu gut für ihn. Du wirst mal froh darüber sein. Du findest einen Besseren.‹ Diese Sätze sollte man sich sparen.«

»Okay, und stattdessen sagt man was?«

»›Es tut mir so leid. Das ist so gemein! Das hast du nicht verdient. Ich verstehe, dass du traurig bist. Ich weiß genau, wie du dich fühlst. Soll ich ihm die Fresse polieren? Er wird es bereuen, und wie! Da hat er das tollste Mädchen der Schule und will es nicht. Wie dumm ist dieser Typ eigentlich?‹ Das sind alles Sätze, die trösten und somit helfen.«

»Fresse polieren klingt gut. Würde ich nie machen, aber die Vorstellung allein birgt schon Genugtuung.«

*»Genau darum geht es, das Ganze ein kleines bisschen einfacher und somit erträglicher zu machen. Mehr kann man als Eltern gar nicht tun.«*

»Geht ja auch nicht darum, es wirklich zu tun. Da genügt allein die ausgesprochene Bereitschaft als Zeichen der Anteilnahme. Alles, was einem Kind mit Liebeskummer das Gefühl gibt, es ist in seinem Schmerz nicht alleine, oder was es wenigstens ein kleines bisschen zum Lachen bringt, ist gut und hilfreich. Mehr braucht es nicht. Natürlich abgesehen von Taschentüchern und Zeit, ruhig auch am Bettrand, bis ein paar Tage vergangen sind. Dann ist es nämlich schon besser. Nach ein paar Wochen stellt sich von allein die Erkenntnis ein, dass es das Beste war, was passieren konnte. Und das sogar ganz ohne elterliche Mithilfe.«

»Ja, ich habe es ja selbst ohne jede elterliche Mithilfe überlebt. Aber es wäre vielleicht ein bisschen einfacher gewesen, hätte ich welche gehabt.«

»Genau darum geht es, das Ganze ein kleines bisschen einfacher und somit erträglicher zu machen. Mehr kann man als Eltern gar nicht tun.«

»Okay, dann war's das auch schon wieder. Ich überlasse Sie wieder Ihrem seichten Lesevergnügen.«

»Das ist lieb, danke. Ein bisschen Seichtigkeit ab und zu tut einfach gut, mir zumindest.«

Wir verabschieden uns und legen auf.

So, so, Frau Precht liest also Liebesromane. Habe ich eigentlich schon mal so einen richtigen Liebesroman gelesen? Nicht, dass ich wüsste. Wobei ich absolut nichts gegen Liebesgeschichten habe, in meinen Büchern kommen auch immer wieder welche vor. Aber einen reinen Liebesroman habe ich noch nicht geschrieben. Vielleicht sollte ich das mal ... Wie bitte? Ah, Sie sind es, ich habe bereits auf Sie gewartet! Konnten Sie den Kühlschrank ausfindig machen und Leo befreien? Sehr gut! Dann hat sich das mit Leo auch erledigt, Sie haben ja keinen Kühlschrank mehr. Einen neuen? Viel größer? Wie denn das? Ich dachte, der alte wurde abgeholt, weil Sie ihn nicht bezahlen konnten? Ach was? Sie haben der Kühlschrankfirma gedroht, sie wegen Kindesentführung anzuzeigen und als Schweigegeld einen neuen Kühlschrank verlangt? Na, Sie sind mir ja eine ganz Durchtriebene! Aber coole Aktion, Glückwunsch zum neuen Kühlschrank! Wie bitte, was macht Leo? Er räumt alle seine Spielsachen in den neuen Kühlschrank? Und sein Bett? Er will dort für immer einziehen? Weil er mit der familiären Gesamtsituation außerhalb des Kühlschranks nicht zufrieden ist? Ja, das klingt allerdings besorgniserregend. Irgendwas machen Sie offenbar falsch. Nein, ein Kapitel über Kinder, die im Kühlschrank wohnen, ist in diesem Buch nicht vorgesehen, das ist nun wirklich zu speziell. Die Telefonnummer von Frau Precht? Ich weiß nicht, das wäre doch ein großer Vertrauensbruch, da müsste ich sie erst fragen. Ja, okay, mach ich, aber erst beim nächsten Kapitel, jetzt will ich sie gerade nicht stören. Ja, versprochen. Auf jeden Fall. Nein, ich vergesse es schon nicht. Am besten, Sie setzen sich so lange mit dem Buch zu Leo in den Kühlschrank, ist ja genug Platz jetzt. Ja, bis dann.

Sachen gibt's, die gibt's gar nicht. Ein Kapitel über Kinder, die in Kühlschränken wohnen, so weit kommt's noch. Wen soll denn das interessieren? Das glaubt mir doch niemand und ich stehe als der unseriöseste Sachbuchautor der Welt da. Nein, dann schreibe ich als Nächstes doch lieber ein Kapitel über … Ja, worüber eigentlich? Mal schnell in meinen Notizen gucken, was hätten wir denn noch? Ah ja, das ist gut, das nehme ich!

 **Abspann**

Bei gebrochenem Herzen hilft auf dem Bildschirm wie im echten Leben ein offenes, dabei aber nicht aufdringliches elterliches Ohr. Nehmen Sie den Kummer Ihres Kindes ernst und reden Sie ihn nicht klein. Sagen Sie vor allem besser nichts Schlechtes über den Auslöser des Liebeskummers.

# 11 Coming-out

*»Nicht, dass dagegen was zu sagen wäre.«*
*(Jerry Seinfeld/Seinfeld/Staffel 4/Folge 16)*

Dies sagt Jerry, nachdem er einer Journalistin gegenüber klarstellen will, dass er nicht schwul ist. Dass er diese Tatsache überhaupt klarstellen muss, hat er sich selbst eingebrockt. Seine Freunde Elaine, George und er wollten im Diner jemanden veräppeln, der am Nebentisch ihren Gesprächen gelauscht hat – eben jene Journalistin. Diese nimmt die Behauptung, Jerry sei mit George zusammen, für bare Münze und posaunt ihr falsch erworbenes Wissen in einem Artikel über Jerry in die Welt hinaus. Fortan versucht Jerry, sie davon zu überzeugen, dass er eben nicht schwul ist. Nicht, dass dagegen was zu sagen wäre.

Was das mit Kindererziehung zu tun hat? Erst mal gar nichts, in meiner absoluten Lieblingssitcom *Seinfeld* geht es schließlich nicht um Kinder, sondern um vier egomanische Erwachsene. Aber das oben angeführte Zitat (im Original: »Not that there's anything wrong with it.«) ist in der Serienwelt legendär und perfekt als Einleitung für das Thema dieses Kapitels: Wie gehe ich als Eltern damit um, wenn mein Kind sich als schwul/lesbisch outet?

## Völlig Wurscht

Persönliche Erfahrungen habe ich damit nicht. Ich bin nicht schwul. Nicht, dass dagegen was zu sagen wäre. Und zwar absolut nichts. Leider tun das immer noch viel zu viele, was ich noch nie nachvollziehen konnte. Und schockierenderweise bleibt es ja oft nicht beim Gesagten, Homosexuelle werden nicht selten Opfer von brutaler Gewalt seitens homophober Arschlöcher. Homophobie – woher kommt so was? Wann und wie entsteht in einem Menschen die bekloppte Ansicht, dass gleichgeschlechtliche Liebe etwas Verabscheuendes sein könnte? Ich meine, da kommt ja niemand auf die Welt und äußert ein Jahr später die ersten Worte »Ich hasse Schwule!«. Kindern ist es grundsätzlich völlig Wurscht, wer da wen liebt, Hauptsache, es wird geliebt und sie kriegen ganz viel von dieser Liebe ab. Liebe. Um nichts anderes geht es dabei doch.

Und wer für wen auch immer Liebe fühlt und praktiziert, geht, mit Verlaub gesagt, niemanden etwas an. Wenn mein Nachbar ein freundlicher und liebenswürdiger Mensch ist, kann es mir doch völlig schnuppe sein, was er mit wem in seinem Schlafzimmer treibt. Das fällt eindeutig unter Privatsphäre, die völlig zu Recht jeder für sich einfordert und die dementsprechend auch für jeden gelten muss. Es gibt nichts, was einen Menschen dazu berechtigt, über die Liebe anderer zu urteilen. Wieso sich manche dieses Recht trotzdem einfach herausnehmen und Liebende abgrundtief hassen können, wird mir immer ein zutiefst trauriges Rätsel bleiben. Wer bringt sie dazu? Ein bekopptes Elternhaus? Ihr soziales Umfeld? Ich bin kein Sozialwissenschaftler, sonst hätte ich vielleicht eine fundierte Antwort darauf. Als Mensch bleibt mir nichts anderes übrig, als fassungslos den Kopf zu schütteln, wenn ich irgendwo lese oder höre, dass mal wieder ein Schwuler zusammengeschlagen wurde.

## Etwas völlig Normales

Irgendwann muss doch auch dem letzten Deppen klarwerden, dass Homosexualität normal ist. Selbst, wenn man persönlich niemanden kennt, gibt es doch in Filmen und Serien nicht erst seit gestern homosexuelle Charaktere. Der erste Kuss zwischen zwei Männern in einer deutschen Serie fand 1985 in der WDR-Serie *Kein schöner Land* statt. Dazu kann ich leider nichts sagen, weil ich sie nicht gesehen habe. Aber den ersten Kuss in der *Lindenstraße*, den habe ich gesehen! Das war 1987 und ein Riesenthema damals. Gucke ich übrigens heute noch, die *Lindenstraße*, aber das nur am Rande. Heute regt sich zum Glück kaum noch jemand auf, wenn sich in einer Serie zwei Männer küssen. Es gibt mittlerweile jede Menge Serien, in denen homosexuelle Charaktere mitspielen, und zwar nicht nur als witzig gemeinte Nebenfiguren.

**Meine Top 10 der Serien mit homosexuellen Charakteren:**

1. Shameless
2. Orange is the new black
3. Orphan Black
4. The Wire
5. Six Feet Under
6. Glee
7. The Real O'Neals
8. United States of Tara
9. True Blood
10. Grey's Anatomy

In den meisten dieser Serien wird die eigentliche Homosexualität der Charaktere an sich nie großartig thematisiert. Sie sind eben homosexuell, Punkt. Zum Thema wird das nur, wenn irgendwelche Idioten Probleme damit haben – so wie in der Realität leider auch.

In meinem näheren Umfeld finden sich kaum Homosexuelle, was aber ganz sicher nicht daran liegt, dass ich das bewusst vermeide. Es hat sich einfach nie ergeben, dass einer meiner Freunde schwul ist. Im erweiterten Bekanntenkreis finden sich schon ein paar Schwule und Lesben, die ich allesamt sehr gerne mag, nicht weil und erst recht nicht obwohl sie homosexuell sind, es sind einfach nette Menschen. Wieso ich das so und nicht anders sehe, weiß ich nicht. Meine Eltern hatten keine homosexuellen Freunde, ich bin da also nicht irgendwie »reingewachsen«. Meine Eltern haben sich aber auch nie in geringster Weise abwertend über Homosexuelle geäußert. Keine blöden Schwulenwitze von meinem Vater, kein genervtes Augenrollen meiner Mutter, wenn mal eben etwas Entsprechendes im Fernsehen lief, nichts. Vielleicht genügt das ja schon, um einem Kind zu zeigen, dass homosexuell zu sein etwas völlig Normales und in keiner Weise Verachtenswertes ist? Könnte es tatsächlich so einfach sein? Diese Frage kann Frau Precht hoffentlich später beantworten.

Klar, in der Schule kamen sie dann, die Schwulenwitze, und mit Sicherheit habe ich bei dem einen oder anderen auch mitgelacht, aber selbst diese Zeit hat bei mir keinerlei Groll gegen oder gar eine Phobie in Bezug auf Schwule hinterlassen. Ich war ja noch nicht mal sauer oder empört, als mich ein älterer Herr ziemlich direkt und eindeutig angemacht hat.

## Hintergedanken

Das war auf einer Silvesterparty in Frankfurt und ich war gerade mal 14. Meine Tante und meine Cousinen hatten mich mitgenommen, der Gastgeber war ein offensichtlich sehr betuchter Frankfurter, ein Freund meiner Tante. Die Wohnung war riesig und ich noch ziemlich ahnungslos und dementsprechend verwundert, dass hauptsächlich Männer auf dieser Party waren. Der Groschen fiel auch dann noch nicht, als mich in der Küche zwei Mitzwanziger anlächelten und nach meiner Jeansgröße fragten. Ich antwortete wahrheitsgemäß, dass ich meine Jeansgröße nicht wüsste, woraufhin einer der beiden fragte, ob er mal nachschauen dürfte und mit beiden Händen auf meinen Reißverschluss zusteuerte. Das kam mir dann schon irgendwie seltsam vor, kapiert hatte ich es aber immer noch nicht.

Das geschah erst im darauffolgenden Jahr, also ungefähr vier Stunden später, als mich einer der Gäste bat, ihm in ein Zimmer zu folgen, und die Tür hinter uns schloss. Er wolle mal mit mir reden, sagte er, und das tat er dann auch. Ob ich mir vorstellen könnte, mich einmal privat mit ihm zu treffen, fragte er. Einfach nur so. Ohne Hintergedanken. Weil ich so einen sympathischen Eindruck machen würde. Hm, seltsam, dachte ich. Wieso will sich ein circa 60-jähriger Mann mit mir privat treffen? Was sollen wir denn da machen? Wir haben nichts gemeinsam, wahrscheinlich würden wir uns zu Tode langweilen. Und was meint er bloß mit Hintergedanken? Was könnte denn ein älterer Herr für Hintergedan… Oh! Der Groschen war endlich gefallen, laut und deutlich nachklingend. Ich sagte höflich, aber bestimmt, dass ich an einem privaten Treffen nicht interessiert sei, worauf er ebenso höflich reagierte und sich verabschiedete. Damit war die Sache für mich dann auch erledigt.

## Das geringste Problem

Ein Outing ist vermutlich eine der schwierigsten Entscheidungen im Leben, früher mit Sicherheit noch viel mehr als heute, vor allem jenen gegenüber, die einem am nächsten stehen, was in den meisten Fällen vorrangig die eigenen Eltern sind. Wie bringe ich es ihnen bei? Wie werden sie reagieren? Die Unsicherheit und die Angst vor den Reaktionen sind für viele sicher erdrückend. Und für Eltern stellt sich natürlich die Frage, wie man damit am besten umgeht. Nicht am besten für sich, sondern am besten für den Sohn oder die Tochter – zumindest sehe ich das so. Nun gibt es ja leider solche und solche Eltern, die mit so einer Offenbarung unterschiedlich umgehen. Das lässt sich auch in entsprechenden Serien gut beobachten.

*The Real O'Neals* hat es sehr zu meinem Bedauern nur auf zwei Staffeln gebracht, die lohnen sich aber absolut. In dieser Sitcom dreht sich alles um den 16-jährigen Kenny O'Neal und seine Familie. Kenny ist schwul und weiß das auch. Was er nicht weiß, ist, wie er es seinen Eltern beibringen soll, vor allem seiner streng katholischen Mutter. Gleich in der allerersten Folge entschließt er sich aber nach einem Katastrophen-Sex-Versuch mit einem Mädchen dazu – heute soll es geschehen. Dass die Reaktion seiner Mutter darauf gar nicht so schlimm wie erwartet ausfällt, liegt daran, dass sein großer Bruder gleichzeitig beichtet, magersüchtig zu sein, und seine kleine Schwester zugibt, in den Spendentopf der Kirche gegriffen zu haben. Außerdem haben die Eltern selbst etwas zu beichten: Sie lassen sich scheiden. Damit ist die Fassade der heilen Familie mehr als gründlich zerbröckelt und die Tatsache, dass Kenny schwul ist, nur einer von vielen Gründen für Mutters Aufregung. Auch, wenn es von Kenny keine Absicht war: keine schlechte Taktik. Das Outing einfach in wesentlich schlimmere Sachen verpacken, dann fällt es nicht so ins Gewicht.

*Du, Mutti, ich muss dir was sagen. Ich habe heute Morgen dein Auto zu Schrott gefahren. Nein, keine Sorge, mir ist nichts passiert. Aber die Polizei hat mein Kilo Heroin gefunden. Nein, keine Angst, ich deale nicht mit Drogen, das war rein für den Eigenbedarf. Nein, das Geld dafür habe ich nicht geklaut. Kannst du dich noch daran erinnern, als ich zu dir sagte, du sollst den Familienschmuck lieber im Kinderzimmer verstecken, weil ihn Einbrecher dort nicht vermuten? Weißt du zufällig, wie lange so ein Pfandhaus die Sachen aufhebt, bevor alles verscherbelt wird? Falls es kürzer als zwei Jahre ist, müsstest du da bitte selbst mal vorbeigucken, denn so lange werde ich voraussichtlich im Gefängnis sein. Aber mach dir keine Gedanken, ich bin eh schwul, da wird das nicht so schlimm. Könntest du mich bitte kurz über die Landesgrenze fahren? Ich habe einem der Polizisten meine Spritze in den Arm gerammt und bin abgehauen, es könnte also sein, dass er jetzt auch Aids hat, das wäre natürlich nicht gut für die Verhandlung. Ach, stimmt ja, ich Blödkopf, dein Auto ist ja Schrott. Kein Problem, dann klau ich mir eben schnell eins. Mach's gut, Mutti, ich melde mich aus Timbuktu.*

Und schon ist das Schwulsein des eigenen Sohnes das geringste von Muttis Problemen. Wobei es natürlich grundsätzlich gar kein Problem sein sollte. So wie bei Kurt Hummel in *Glee* (Staffel 1, Episode 4). Als Kurt seinem alleinstehenden Vater sagt, dass er schwul ist, antwortet dieser, dass er das schon lange wusste. Er hätte sich das anders gewünscht, aber das sei absolut okay – ein Paradebeispiel an guter Reaktion, finde ich.

Er hätte seinen Sohn auch einfach rausschmeißen können, wie die Eltern in *Familienstreit de Luxe* (Staffel 2, Episode 11). Kenny Al-Bahir wird vom Vater seines besten Freundes und Nachbarn in einem Zweiergespräch geoutet und gesteht sich daraufhin zum ersten Mal selbst ein, dass er schwul ist. Erleichtert und befreit ob dieser Erkenntnis, berichtet er seinen Eltern davon. Diese reagieren jedoch so ablehnend, dass er sich eine neue Bleibe suchen muss. Das ist ganz sicher nicht die richtige Art, um mit der Homosexualität des eigenen Kindes umzugehen. Wobei es selbstverständlich leider noch schlimmer geht – Kenny konnte immerhin froh sein, dass es sich bei seinen Eltern nicht um Mitglieder der Mafia gehandelt hat. In Gangsterkreisen ist es mit Sicherheit keine gute Idee, sich als schwul zu outen oder von Kollegen dabei erwischen zu lassen, wie man als Village-People-Ledermann verkleidet ausgelassen in einer Schwulen-Bar tanzt. Dies passiert Vito Spatafore in der 5. Staffel der großartigen Serie *Die Sopranos* – in Staffel 6 wird er mit einem Billardqueue im Hintern tot aufgefunden. Falls ihr Sohn also eine Gangsterkarriere anstrebt, sollten Sie ihn nach seinem Outing so schnell wie möglich außer Landes schaffen.

Die optimalen Umstände für ein Outing finden sich in der Serie *Tote Mädchen lügen nicht*. Dort offenbart sich Courtney Crimsen ihren beiden schwulen Vätern, mehr Verständnis geht in solch einer Situation wahrscheinlich nicht. Aber was macht man, wenn man als Eltern nicht zufällig selbst schwul oder lesbisch ist? Wie reagiert man der Situation angemessen und seinen Kindern gerecht werdend auf ein Outing? Ich denke, jetzt ist ein guter Zeitpunkt, um Frau Precht zu fragen, ich rufe sie gleich mal an.

## Usbekistan

Hm, seltsam, sie geht nicht ran, normalerweise ist sie um diese Uhrzeit immer zu Hause. Aber ich habe ja noch ihre Handynummer, dann probiere ich es einfach da mal. Es tutet. Und tutet. Und tutet.

»Ja, hallo?«, erklingt eine sehr verschlafene Stimme. »Wer ist denn da?«

»Hallo, Frau Precht, Till hier!«, antworte ich.

»Herr Till? Es ist drei Uhr nachts! Mit Ihnen habe ich jetzt wirklich nicht gerechnet.«

Drei Uhr nachts? Ich werfe einen Blick aus dem Fenster. Die Sonne blendet mich. Vorsichtshalber schaue ich noch auf die Uhr an meinem Handgelenk.

»Äh … geht es Ihnen gut, Frau Precht?«, frage ich zaghaft. »Es ist neun Uhr morgens.«

»Ja, bei Ihnen vielleicht«, antwortet sie leicht genervt stöhnend. »Bei mir ist es aber drei Uhr nachts.«

»Wieso, wo sind Sie denn?«

»Montréal.«

»Montréal, Kanada?«, hake ich nach.

»Kennen Sie noch ein anderes?«

Ich überlege kurz. Es gibt doch bestimmt in Frankreich noch mindestens irgendein Kaff, das Montréal heißt. Würde mich jedenfalls wundern, wenn nicht. Aber okay, das tut ja gerade nichts zur Sache, ich verkneife mir die sich anbietende Klugscheißerei.

»Was machen Sie denn in Kanada?«, frage ich stattdessen.

»Ich bin hier auf einem Kongress und gebe dort morgen einen Workshop zum Thema Sporthypnose.«

»Sporthypnose?«, sage ich verwundert. »Aha. Was es alles gibt. Wie funktioniert das? Sie hypnotisieren jemanden, reden ihm ein, er sei Usain Bolt, und dann läuft er die 100 Meter in 9,58 Sekunden?«

»Haha, schön wär's!«, antwortet Frau Precht lachend. »Nein, ganz so einfach ist es leider nicht. Glauben Sie denn an die Kraft der Hypnose?«

»Um an die Kraft der Hypnose zu glauben, müsste ich erst mal grundsätzlich an Hypnose glauben. Aber das fällt mir schwer. Für mich hat das immer so etwas von Jahrmarkttrickserei und Humbug.«

»Ja«, sagt Frau Precht seufzend. »Mit dem Begriff Hypnose sind leider immer noch sehr viele Vorurteile verbunden.«

»Sie dürfen mich diesbezüglich irgendwann gern aufklären. Dafür habe ich Sie allerdings nicht geweckt. Aber Vorurteile sind ein gutes Stichwort für mein Thema. Natürlich nur, wenn Sie sich dazu in der Lage fühlen – ich möchte nicht daran schuld sein, wenn Sie morgen aus Versehen einen Tennisspieler in einen Kugelstoßer verwandeln.«

»Nein, schon in Ordnung«, sagt sie seufzend. »Jetzt bin ich hellwach, wahrscheinlich der Jetlag. Schießen Sie los, worum geht es diesmal?«

»Ich bräuchte von Ihnen ein paar gute Tipps, wie man sich als Eltern verhält, wenn das eigene Kind offenbart, dass er oder sie homosexuell ist. Was ist da die beste Verhaltensweise? In der Serie *Familienstreit de Luxe* wird der sich als schwul outende Sohn kurzerhand von seinen Eltern rausgeschmissen. Das ist ganz sicher nicht der richtige Ansatz, oder?

»Wenn der schwule Sohn bereits erwachsen ist und man sich eh schon Gedanken gemacht hat, wie man ihn zum Ausziehen ermutigen kann, könnte das ein Anlass sein. Aber natürlich ist das nicht die feine Art und fair erst recht nicht. Wer den Sohn schon lange loswerden wollte, sollte das auch ehrlich sagen, und nicht das Schwulsein als Anlass vorschieben.«

»Als Laie würde ich ja sagen, man sollte es einfach und ohne großes Brimborium akzeptieren, als wäre es das Normalste der Welt. Oder?«

»Na ja, nicht ganz. Es gibt sie ja angeblich, diese Eltern, die in so einem Fall gelangweilt sagen: ›Na und?‹ Das ist für die meisten Kinder aber erst einmal überhaupt keine Erleichterung. Nicht, weil sie gehofft hätten, dass ihre Eltern ausrasten oder sich die Haare raufen. Natürlich hoffen sie das nicht, im Gegenteil: Sie möchten weiterhin genauso geliebt werden wie bisher und auch mal ihren Liebsten mit nach Hause bringen. Oder, wenn es sich um eine Tochter handelt, ihre Liebste. Die es in dem Moment, in dem das Outing passiert, meistens schon eine Weile gibt. Der Grund für die negative Wirkung dieser gelangweilten Replik ist eher, dass sich Kinder immer wünschen, dass ihre Eltern auf wichtige und lebensformende Entscheidungen mit einem gewissen Interesse und einer angemessenen Ernsthaftigkeit reagieren.«

»Ah, okay, verstehe. Zu viel Normalität ist also der Offenbarung nicht angemessen.«

»Haargenau. Wenn ein Kind nach Hause kommt und sagt: »Mama, ich wandere nach Usbekistan aus«, sagt ja auch keiner ›Na und?‹. Die meisten Eltern, vorausgesetzt, sie hören ihren Kindern zu und haben verstanden, was ihnen gerade gesagt wurde, möchten etwas mehr darüber wissen und sind wenigstens einen winzigen Moment überrascht: ›Echt, Usbekistan??? Warum denn das?‹ Auf diese Art fängt ein Gespräch an und beide Seiten kommen sich, gegenseitiges Verständnis vorausgesetzt, näher. Und was für das Auswandern gilt, gilt genauso für ein Outing. Man kann als Mutter oder Vater sowieso nichts dagegen tun, wenigstens nicht langfristig.«

»Das stimmt wohl. Es ist mit Sicherheit noch nie vorgekommen, dass jemand plötzlich nicht mehr schwul war, nur, weil es seinen Eltern nicht gefallen hat.«

»Eben. Manche Eltern versuchen es aber zumindest, indem sie zum Beispiel behaupten: ›Das bringt mich um, mein schwaches Herz ...‹ und dabei die Augen nach oben verdrehen. Das Ergebnis: ein Kind, das ein schlechtes Gewissen hat und seine Beziehungen fortan im Verborgenen führt. Andere Variante: ›Du bist enterbt!‹ Ergebnis: identisch. Bringt also nichts.«

> *»Das stimmt wohl. Es ist mit Sicherheit noch nie vorgekommen, dass jemand plötzlich nicht mehr schwul war, nur, weil es seinen Eltern nicht gefallen hat.«*

»Logisch. Das eigentliche Problem haben ja auch wenn, dann die Eltern.«

»So ist es. Und wenn Eltern mit der Partnerwahl ihrer Kinder ein Problem haben, sollten sie sich Hilfe suchen. Wen jemand liebt, ist ganz alleine seine Sache, da darf sich Mama oder Papa nicht einmischen, und fällt es noch so schwer. Und zwar egal, was die Gründe dafür sein mögen. Ob Geschlecht, Alter, Einkommen, Bildungsniveau, Verwandtschaft oder Nationalität, das macht dabei keinen Unterschied.«

»Ich möchte ja wetten, dass so manche Eltern große Probleme mit mir als Partner ihrer Tochter hatten.«

»Wieso? Haben Sie die etwa auch nachts um drei aus dem Bett geklingelt?«

»Nein, ich bezweifle, dass die Eltern meiner Freundinnen überhaupt schlafen konnten. Wobei die meisten so schlau waren, mich ihren Eltern gar nicht erst vorzustellen.«

»Auch eine gute Taktik. Dass Kinder ihre Eltern in Sachen Partnerwahl oft auf harte Proben stellen, ist grundsätzlich aber normal. Das Beste, was Eltern tun können: schlucken, noch einmal schlucken und den Partner der Wahl höflich nach Hause einladen, um ihn oder sie kennenzulernen und dann auch freundlich und mit Interesse zu behandeln und sich nicht komplett zu blamieren. Manchmal stellt sich nach und nach eine interessante Erkenntnis ein: Komisch sind nicht die Partnerin oder Partner der Kinder – auch wenn sie auf den ersten Blick nicht so ganz in die Familie passen mögen – sondern die eigenen Vorstellungen und Erwartungen. Je enger die Vorstellungen von Eltern gefasst sind, umso größer die Überraschungen. Denn dafür sind Kinder ja da: um die alten eingefahrenen Grenzen der Familie zu sprengen.«

»Ich wusste es: Ich bin Dynamit! Oder zumindest war ich es mal.«

»Ja«, sagt Frau Precht lachend. »Die eigene Sprengkraft lässt mit zunehmendem Alter merklich nach. Wobei manche Kinder erst überhaupt keine haben. Sie nehmen in der zehnten Klasse den netten Jungen oder das liebe Mädchen von nebenan, heiraten, bauen direkt neben dem Elternhaus und bekommen zwei langweilige, aber süße Kinder. Das sind die Fälle, in denen Eltern sich Sorgen machen sollten, denn so viel Harmonie liegt nicht in der Natur der Sache und man kann davon ausgehen, dass diese Kinder sich absichtlich oder unbewusst stark verbiegen, um ihren Eltern die lebenslange Komfortzone zu ermöglichen. Aus psychologischer Sicht sind das die Kinder, die eher mit psychischen Problemen zu kämpfen haben werden. Deshalb sollten Eltern von jugendlichen Kindern dankbar sein, wenn diese ein wenig für Überraschung sorgen – diesbezüglich ist so ein Outing natürlich perfekt.«

»Allerdings. Und wenn die Eltern blöd darauf reagieren, kann man sie immer noch hypnotisieren. Ginge das? Könnte man Homophobie einfach weghypnotisieren?«

»Das würde jetzt doch zu weit führen. Aber vielleicht kann ich Sie ja durchs Telefon hypnotisieren, damit Sie mich endlich schlafen lassen?«

»Nicht nötig, von meiner Seite aus war's das schon. Es sei denn, Sie hätten noch etwas zum Thema hinzuzufügen?«

»Nein, ich denke, dazu ist alles Wesentliche gesagt.«

»Prima, dann schlafen Sie mal gut weiter. Viel Erfolg beim Sporthyp-notisieren morgen. Und noch eine schöne Zeit in Kanada!«

Wir legen auf.

Wow, Kanada! Mir war gar nicht bewusst, was für ein glamouröses Jetset-Leben man als Psychologin so führt. Mal eben kurz zu einem Kongress nach Kanada, Wahnsinn. Da wollte ich ja auch schon immer mal hin ... Wie bitte? Ah, Sie sind's! Was, wer sitzt jetzt auch noch im Kühlschrank? Noch mal bitte, ich habe den Namen nicht verstanden. Was, echt? Sie veräppeln mich doch. Wie schreibt sich das? Nootai-kok? Und das ist ihr Mann? Er ist vorhin nach Hause gekommen, hat sich sofort zu Leo den Kühlschrank gesetzt und weigert sich jetzt ebenfalls, wieder rauszukommen? Das ist ja ein Ding! Sorry, aber ich komme immer noch nicht über diesen Namen hinweg. Hat der irgend-eine Bedeutung? Ja? Gott der Eisberge? Ihr Mann ist Inuit? Na, kein Wunder, dass sich der kleine Leo im Kühlschrank so wohlfühlt! Das ist offenbar genetisch bedingt. Sehen Sie, ist doch alles in bester Ordnung. Sie müssen sich keine Sorgen mehr machen. Nein, ich bezweifle stark, dass Frau Precht ein Diplom in inuitischer Psychologie absol-viert hat. Ja, fragen kann ich sie mal. Aber nicht jetzt, sie ist gerade am Schlafen. Ja, versprochen, beim nächsten Mal frage ich sie. Abgefahren. Der Gott der Eisberge. Sehr cooler Name! Wie wäre wohl mein Inuit-Name? Libamorgenweitamachen. Das heißt so viel wie Gott der Pro-krastination. Aber nein, heute nicht, ich schreibe gleich weiter, das Ende ist in Sicht, da flutscht es immer am besten bei mir.

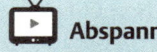 **Abspann**

Egal, wie aufgeklärt Sie sind, ein Schulterzucken und »Na und?« sind nicht die richtigen Reaktionen auf das Coming-out Ihres Kindes. Zeigen Sie sich interessiert, so wie Sie es bei jeder anderen weit-reichenden Entwicklung im Leben Ihres Kindes auch wären.

# 12 Verbotene Substanzen

*»Das ist kein Oregano.«*
*(Tim Taylor/Hör mal, wer da hämmert/Staffel 7/Folge 16)*

Nein, das ist in der Tat kein Oregano, was Tim dort unter einem Gartenstuhl versteckt auf seiner Terrasse gefunden hat. Es ist Gras. Marihuana. Ganja. Weed. Oder wie auch immer das Zeug genannt wurde, als man jung war. So jung wie Tims Söhne, von denen einer aller Wahrscheinlichkeit nach Besitzer der kleinen Tüte Drogen ist. Die Überführung des Übeltäters erfolgt alsbald, es ist Brad, der älteste. Bleibt die Frage, wie Tim und seine Frau nun damit umgehen. Was macht man als Eltern, wenn man feststellt, dass das eigene Kind den Konsum von Drogen bei Weitem nicht so kritisch sieht, wie es überall propagiert wird? Gleich in die nächste Entzugsklinik? Lebenslang zu Hause einsperren? Abhaken und einfach ein neues Kind machen? Schwierig.

## Gras im Gras

Mein Vater hat nie Gras bei mir gefunden. Er hat aber auch nie großartig danach gesucht. Was das Kiffen angeht, gab es bei mir allerdings auch nur eine sehr kurze Phase, in der ich diesem Laster frönte. Das war, als ich gerade zum zweiten Mal die achte Klasse besuchte. Mein neuer bester Klassenkamerad hatte irgendwo mitten im Wald eine Lichtung entdeckt, auf der sich leicht versteckt zwischen Sonnenblumen eine kleine, von wem auch immer angelegte Marihuana-Plantage befand. Ich hatte keinerlei Plan von dem Zeug, mein Kumpel schon, und er meinte, die Pflanzen seien reif zur Ernte, also ernteten wir. Noch während der Ernte drehte ich mir eine Zigarette aus dem Zeug und zündete sie an. So ginge das nicht, erklärte mir mein Kumpel durch die Rauchschwaden, das müsste erst noch getrocknet werden. Drei Tage später war es dann so weit, ich rauchte meinen ersten Joint, vormittags, anstatt Mathe, in einem Park neben der Schule. Wir saßen auf dem Rasen und qualmten und … nichts passierte. Vielleicht war ein Joint ja zu wenig? Ich drehte noch einen und beim Drehen fiel mir das Gras ins Gras. Ich teilte diesen Umstand meinem Kumpel mit. Mir ist mein Gras ins Gras gefallen! Das klang irgendwie witzig. Viel witziger, als es eigentlich war. Trotzdem kugelten wir uns eine halbe Stunde lang auf dem Rasen vor Lachen.

Okay, da war also doch offenbar irgendwas passiert nach dem ersten Joint. Und das war viel lustiger als Mathe. In der Folgezeit schwänzten und kifften wir wie blöde, schließlich hatten wir zwei große Einkaufstüten voll Gras, das musste vernichtet werden. Aber dieser Lachflash beim ersten Joint blieb einmalig und nach und nach stellte ich fest, dass Kiffen irgendwie auf Dauer nicht mein Ding war – letztendlich wurde ich immer nur müde von dem Zeug, und das war für mich nicht die erstrebenswerte Wirkung von verbotenen Substanzen. Da war mir Alkohol doch lieber.

Insofern hat mich mein Vater nie beim Kiffen erwischt. Nur meine Oma, aber die hat es nicht gemerkt. Sie kam zu uns runter in den Partykeller, wo wir gerade zu fünft auf dem Boden im Kreis saßen und einen Joint rumgehen ließen. Oma muss schon eine Weile in der Tür gestanden haben, wir hatten sie nicht bemerkt und froren alle ein, als wir sie sahen. »So geht das aber nicht, Jochen!«, sagte sie mit vorwurfsvoller Miene. »Du kannst doch deinen Gästen nicht zumuten, sich eine einzige Zigarette zu teilen!« Dann drückte sie mir fünf Mark in die Hand und befahl mir, eine Packung Zigaretten zu holen. Unser erleichtertes Aufatmen, als sie weg war, war sicher noch drei Häuser weiter zu hören.

## Schlaflose Nächte

Apropos Omas und Drogen: Meine andere Oma hat mich übrigens zum Alkohol verführt, sogar regelrecht genötigt. Mit 15. Ungelogen. Ich war regelmäßig bei Oma zum Kartenspielen, und eines Tages stand plötzlich eine Flasche Bier anstatt Limo auf dem Tisch. Oma meinte, ich solle das doch mal probieren, jeder echte Mann würde Bier trinken. Also probierte ich das Bier – und spuckte es fast wieder aus, weil es mir alles andere als gut schmeckte. Aber Oma ließ nicht locker, beim nächsten Mal stand wieder ein Bier da. Und das zog sie so lange durch, bis ich ohne Widerworte eine ganze Flasche leerte. Wirklich geschmeckt hat es zwar immer noch nicht, aber ich hatte mich daran gewöhnt. Und das zog in Sachen Sozialisierung durchaus Vorteile nach sich – endlich konnte ich mit den coolen Jungs einen saufen!

Von da an ging es steil bergab. Ich war besoffen, so oft es ging. Nach der Schule, vor der Schule, folglich auch während der Schule, am Wochenende sowieso.

Jawohl, meine Oma hat mich zum Alkoholiker gemacht! Und zwar nachhaltig! Bis vor vier Jahren habe ich jeden Abend zwischen zweieinhalb und drei Liter Bier getrunken. Mindestens. Und tatsächlich jeden Abend ... Wie bitte? Ja, das ist mein Ernst, wieso? Ein paar Bierchen am Abend haben noch keinem geschadet? Oma, bist du das? Nein? Uff! Für einen ganz kurzen Moment dachte ich, jetzt beschwert sich meine Oma schon aus dem Jenseits, weil ich nicht mehr genug Bier trinke. Aber um auf Sie zurückzukommen: Wer jeden Tag Alkohol trinkt, und sei es nur ein Bier zum Abendessen, gilt aus medizinischer Sicht als Alkoholiker. Und bei mir war es beileibe nicht nur ein Bier, sondern eher das Sieben- bis Zehnfache. Das ist vielleicht nicht so krass wie jemand, der zwei Flaschen Schnaps am Tag braucht, aber abhängig wird man schon davon. Es hat mich einige schlaflose Nächte gekostet, als ich damit aufgehört habe, jeden Tag zu trinken. Das waren ganz eindeutig Entzugserscheinungen.

Wie bitte? Ich übertreibe sicher? Moralapostel? Alkohol ist keine echte Droge? Sind Sie besoffen? Alkohol ist nach wie vor die Volksdroge Nummer eins. Und übrigens viel gefährlicher als Marihuana. Alkoholmissbrauch führt weltweit zu mehr als drei Millionen Todesfällen pro Jahr, am Kiffen ist hingegen noch kein Einziger gestorben. Als Eltern sollte man sich also wesentlich mehr Sorgen machen, wenn das Kind regelmäßig zum Kartenspielen zur Oma geht, als wenn man ein bisschen Gras bei ihm findet.

## Die Moralkeule

Ich habe gerade als Recherche für dieses Kapitel eine Folge *Eine himmlische Familie* geguckt. Diese Serie kannte ich noch nicht – zu Recht, wie sich herausstellte. Davon werde ich ganz sicher nicht mehr gucken, die Erwähnung hier ist also ausnahmsweise nicht als Empfehlung zu verstehen. Es geht um eine Familie mit fünf Kindern, der Vater ist Pastor (das allein hätte mich bereits skeptisch werden lassen müssen), die in Amerika so gern propagierte christliche Moral trieft aus jedem Gesichtszug der Eltern. In Episode 4 der zweiten Staffel verliert der älteste Sohn Matt einen Joint aus der Jackentasche, Familienhund Happy findet ihn und legt ihn dem Familienoberhaupt zu Füßen, als dieses nach Hause kommt.

Das Corpus Delicti wird natürlich sofort Mutti gezeigt und fortan verhalten sich die beiden Erziehungsberechtigten so, als hätte man ein Kilo Heroin gefunden und sämtliche Kinder wären im Begriff, im Drogensumpf zu versinken. Als Mutti im Laufe der Katastrophensitzung ihrem Gatten auch noch offenbart, dass sie in jüngeren Jahren auch schon mal an einem Joint gesogen hat, reagiert dieser dermaßen entsetzt, als hätte sie ihm gerade gebeichtet, im heimischen Keller eine Abtreibungsklinik für Atheistinnen zu betreiben. Bevor alle Kinder zum Teufel gejagt werden, beichtet Matt irgendwann, dass er der Übeltäter ist, und flüchtet schuldgeplagt nach nebenan in die Kirche, um den obersten Chef seines Vaters um Verzeihung anzubetteln. Und dabei war das noch nicht einmal sein Joint, sondern der eines Kumpels! Matt selbst hat noch nie auch nur an einem Joint gepafft! Die Eltern spüren ihn in der Kirche auf, hören seine Beichte mit und schließen ihn schluchzend in die Arme, als wäre er gerade aus dem Krieg zurückgekehrt.

Bei dieser Szene hätte ich fast auf meinen Fernseher gebrochen. So was regt mich kolossal auf. Nicht nur die moralingetränkten Eltern, der ganze Umgang mit der Situation, das kommt mir so was von falsch vor. Bitte, liebe anwesende Eltern, seid nicht diese Familie! So bewahrt ihr eure Kinder ganz sicher nicht davor, Drogen auszuprobieren. Das funktioniert ohnehin nicht krampfhaft. Wenn jemand zu Alkohol, Gras oder härteren Drogen greifen will, macht er das, das ist nicht zu verhindern, schon gar nicht mit Drohungen oder schlichter Verteufelung der betreffenden Substanzen. Damit treibt ihr eure Kinder nur umso schneller in die Heimlichkeit und verliert damit jeglichen Einfluss. Ein Joint ist noch lange kein Grund, das Kind mit Vorwürfen bepflastert in die nächste Entzugsklinik einzuliefern. Genauso wenig wie ein Bier. Eine Spritze im Arm ihres bewusstlos neben der Badewanne liegenden Kindes, das würde Panik und schnelles Handeln rechtfertigen. Ansonsten sind Ruhe, Verständnis und Aufklärung ganz sicher die besseren Ratgeber – ich bin gespannt, ob Frau Precht meiner Westentaschenpädagogik später zustimmen wird.

## Serientrinker

Auch, wenn ich selbst seit vier Jahren nicht mehr täglich, sondern eher monatlich gern mal ein paar Bier zu mir nehme, bin ich Alkoholikern gegenüber durchaus positiv eingestimmt – zumindest, wenn es um Serien geht. Oder Filme. Meine allerliebste Betrunkenen-Szene findet sich in *Willkommen bei den Sch'tis*, wo der Hauptcharakter den örtlichen Briefträger auf seiner täglichen Runde durchs Dorf begleitet und die beiden in jedem Haushalt einen Schnaps angeboten bekommen und auch annehmen. Großartig, wie die beiden immer betrunkener werden und gemeinsam ins unvermeidliche Chaos stürzen, da schmeiße ich mich jedes Mal komplett weg vor Lachen.

## Böse Dämonen

Klar, im echten Leben sind Betrunkene nur sehr selten amüsant, sondern eher laut, nervig, aggressiv und äußerst schwer zu ertragen, aber auf der Leinwand oder im Fernsehen werden sie größtenteils als komisches Element verwendet – und riechen auch nicht so streng. Beste Beispiele dafür: Barney Gumble (*Die Simpsons*), Frank Gallagher (*Shameless*) oder Al Bundy (*Eine schrecklich nette Familie*).

Und selbst, wenn sie in Dramaserien nicht als Witzfiguren eingesetzt werden, finde ich die dem Alkohol oder Drogen stark zugeneigten Charaktere oft wesentlich interessanter als den Rest, weil sie nicht so vorhersehbar agieren. Dylan McKay *aus Beverly Hills, 90210*, zum Beispiel. Der war ... Wie bitte? Ja, ich habe das damals geguckt. Und zwar alles. Das war meine peinlichste Lieblingsserie, davon durften meine Punkerfreunde natürlich nichts wissen, also verraten Sie mich bitte nicht. Ich weiß auch nicht, irgendwie mochte ich das. Und ich war schwer in Kelly Taylor verliebt. So wie Dylan, der definitiv interessanteste Charakter unter den dargestellten Hollywood-Teenies. Dylan war von vornherein als Rebell angelegt, aber richtige Tiefe bekam er erst, als er ein Alkohol- mit anschließendem Drogenproblem hatte. Während seine Freunde hauptsächlich mit harmlosen Pubertätswidrigkeiten beschäftigt waren, kämpfte Dylan gegen seine bösen Dämonen und dafür liebte ich ihn.

Genauso wie Tommy Gavin aus *Rescue Me*, ein Feuerwehrmann aus New York, der im Gegensatz zu seinem Cousin den Einsatz an 9/11 überlebt hat. Folglich hat auch er mit vielen Dämonen zu kämpfen, einige davon in reeller und aufreizend weiblicher Form – er kann die Finger nicht von den Frauen lassen, die ihm das Leben zusätzlich gerne mal zur Hölle machen. All dies versucht er bevorzugt in literweise Whisky zu ertränken, was meistens sehr witzige Folgen hat – in diesem Fall eher böse witzig, wenn man den entsprechenden Humor hat.

Wen hätten wir denn noch? Oja! Im Sinne der Genderdebatte darf eine Frau natürlich nicht fehlen! Saufende Frauen werden eher selten in Serien gezeigt, wahrscheinlich, weil sie im Allgemeinen nicht ganz so dämliche Sachen anstellen wie Männer, wenn sie alkoholisch enthemmt sind. Aber mit *Jessica Jones* aus der gleichnamigen Serie gibt es eine Frau, die gleich zwei Genderbarrieren durchbrochen hat: Sie ist eine saufende Superheldin!

Und dies ist genau der Zeitpunkt, auf den ich bereits viele Kapitel lang gewartet habe. An dieser Stelle kann ich endlich meine Top 10 der Superheldenserien loswerden – könnte ja sein, dass sich außer mir noch jemand für dieses Genre interessiert.

**Top 10 Superheldenserien:**

1. Daredevil
2. Smallville
3. The Punisher
4. Gotham
5. Jessica Jones
6. Luke Cage
7. The Defenders
8. Arrow
9. Marvel's Agents of S.H.I.E.L.D.
10. Iron Fist

Zurück zu Jessica Jones, die alles andere als eine typische Superheldin ist. Man sieht ihr das Superheldendasein nicht an, sie trägt kein Kostüm und führt unter ihrem richtigen Namen ein Leben als Privatdetektivin. Ihre Superkräfte stören sie eher, sie ist nicht stolz darauf, nutzt sie aber natürlich, wenn es darauf ankommt. Sie kämpft mit Dämonen aus ihrer Vergangenheit, ist meistens eher schlecht gelaunt und säuft wie ein Loch, nicht aus Spaß am Rausch, sondern um die Stimmen in ihrem Kopf zum Schweigen zu bringen. Alkoholismus gepaart mit Superkräften ist keine gute Idee, führt aber auch zu einigen sehr witzigen Szenen. Grundsätzlich ist der Ton der Serie aber eher düster, was ich persönlich sehr mag – strahlende Kostüm-Superhelden gab es schließlich bereits mehr als genug.

Nun muss ich leider doch noch einmal kurz die gruselige Pastorenfamilie aus *Eine himmlische Familie* erwähnen. Zum Glück gibt es nämlich eine andere amerikanische Familie als Gegenentwurf, die Conners aus *Roseanne*, die uns zeigen, dass man auch anders mit einem gefundenen Joint umgehen kann. In Staffel 6, Folge 4, findet Roseanne einen ebensolchen in Davids Zimmer. David ist der Freund von Roseannes Tochter Darlene, wohnt bei den Conners und hat noch nie gekifft. Da er aber glaubt, der Joint stamme von Darlene, gibt er vor, der Besitzer zu sein, um sie zu schützen. Roseanne zetert wütend auf David ein und demonstriert ihm mit einer Bratpfanne, die ein rohes Ei zerschmettert, was mit seinem Gehirn passiert, wenn er weiter Drogen nimmt.

Als Roseannes Mann Dan davon erfährt, klärt sich auf, dass der Joint eigentlich Roseanne gehört, er stammt aus alten Zeiten. Anstatt seine Frau dafür rundzumachen, schlägt Dan vor, den Joint gemeinsam mit einer Feuerbestattung zu vernichten – kurz darauf sitzen Roseanne, ihre Schwester Jackie und Dan völlig bekifft im Badezimmer. Die Conners sind mir somit wesentlich sympathischer als diese seltsame Pastorensippe. Ob eine Bratpfanne und ein rohes Ei grundsätzlich als Abschreckung gegen Drogenkonsum bei Jugendlichen genügen, wage ich allerdings zu bezweifeln. Da fragen wir lieber Frau Precht, ich rufe sie gleich mal an.

## Augen öffnen

»Ja, hallo, Precht.«

»Hallo, Frau Precht, Till hier. Ich störe hoffentlich nicht?«

»Na ja, ich bereite gerade das Abendessen vor. Moment, ich stelle Sie auf Lautsprecher … So, jetzt geht's.«

Ich höre das Klappern von Töpfen.

»Was gibt's denn Leckeres?«, frage ich.

»Och, nichts Besonderes, heute ist Pasta-Tag, es gibt Spaghetti Carbonara.«

»Das klingt gut. Ein Glas Rotwein dazu?«

»Nein, wir trinken nicht vor den Kindern.«

»Ah, sehr gut, das wäre dann sicher schon der erste Tipp für das heutige Kapitel.«

»Das Thema ist Alkohol?«

»Ja, Alkohol, Kiffen, Drogen allgemein. Wie verhindert man, dass die eigenen Kinder zu Säufern oder gar Junkies werden? In der Serie *Roseanne* demonstriert die Mutter mit einer Bratpfanne und einem rohen Ei, was Drogen im Gehirn anrichten. Ist das die Lösung? Haushaltsutensilien als Abschreckungsmittel?«

»Ganz bestimmt nicht. Auch wenn es ein heftiges Thema ist, das manche Eltern zu drastischen Reaktionen verleitet. Die meisten Eltern machen aber am liebsten lange einen Bogen darum. Vor allem bevor ihre Kinder in das Alter kommen, in denen Drogen in den Augen der Eltern eine Gefahr werden können. Also zu spät. Denn mit Drogen kommen Kinder viel früher in Kontakt, als es ihre Eltern wissen. Nicht nur, weil es immer einen Freund gibt, der einen großen Bruder hat, der mit genau den Typen unterwegs ist, die immer mal wieder was nehmen, und der damit angibt und vielleicht sogar etwas auf dem Zimmer liegen hat, das man sich schnell mal stibitzen kann. Sondern auch, weil die Eltern vieler Freunde (oder sogar die eigenen?) mit Drogen eher entspannt umgehen. Rauchen, gerne mal was trinken, auch etwas mehr, vielleicht hie und da auch mal vor den Kindern kiffen, sodass diese ganz easy damit aufwachsen und nichts dabei finden.«

»Hm. Gekifft haben meine Eltern nie. Aber meine Mutter hat geraucht. Ich weiß noch genau, wie ich ihr zum Muttertag mal ein Päckchen Zigaretten als Geschenk am Automaten gezogen habe, da war ich vielleicht sieben.«

»Verstehe. Das hat sicher positive Assoziationen in Bezug auf Zigaretten nach sich gezogen. Rauchen Sie denn?«

»Ja, seit ich 15 bin.«

»Das kann man jetzt sicher nicht nur auf das Rauchen Ihrer Mutter zurückführen, aber es könnte schon etwas damit zu tun haben. Und es ist leider wirklich so, dass viele Eltern das Thema Drogen recht entspannt sehen, wenn es nicht gerade um Heroin oder Crystal Meth geht. Dann klingeln natürlich die Alarmglocken, aber dann ist es in der Regel auch schon zu spät.«

»Von Heroin oder Crystal habe ich immer die Finger gelassen, da brauchte es keine Prävention, da hatte ich instinktiv einen Höllenrespekt und jede Menge Schiss vor. Es gab bei mir allerdings mal einen Sommer, in dem ich LSD und Ecstasy ausprobiert habe. Da war ich allerdings schon Ende 20 und konnte es nach einem schlechten Trip ohne Probleme wieder sein lassen. Und alles, was ich danach dachte, war: Zum Glück habe ich dieses Zeug nicht mit 16 entdeckt, da wäre ich mit Sicherheit nicht so vernünftig damit umgegangen, das hätte üble Folgen haben können.«

»Ja, und genau deshalb kann Drogenprävention gar nicht früh genug anfangen. Für Eltern heißt das: nicht vor den Kindern kiffen, wenn möglich mit dem Rauchen aufhören, in Maßen trinken, auf keinen Fall täglich, auch nicht das Gläschen Wein vor dem Schlafengehen oder die täglichen drei Bier auf dem Sofa während der Lieblingsserie. Denn Kinder lernen in erster Linie am lebenden Beispiel, da helfen dann auch keine gut gemeinten Ratschläge wie: ›Du solltest auf keinen Fall mit dem Rauchen anfangen. Schau, wie schlecht meine Haut ist, und ein paar Zähne habe ich auch schon verloren. Das willst du doch sicher nicht.‹ Solche Ratschläge sind für die Katz, weil der Ratgeber keine Kapazität ist.«

»Logisch. Wer würde sich schon von Barney Gumble sagen lassen, dass man kein Bier trinken soll?«

»Barney wer?«

»Ach, das ist der Säufer aus den *Simpsons*, nicht so wichtig.«

»Ach so, der, den kenne ich sogar. Der wäre perfekt als abschreckendes Beispiel. Am besten ist es nämlich, Kindern frühzeitig zu zeigen, wohin es führt, wenn Menschen Drogen nehmen. Das kann man zum Beispiel auch ruhig während eines Urlaubs machen. Ein Spaziergang durch die einschlägigen Viertel in einer Großstadt öffnet Kindern die Augen, zum Beispiel durch das Antic Hospital de la Santa Creu in Barcelona. Das ist ein Krankenhaus in der Altstadt, in dessen wunderschönem Kreuzgang auch tagsüber die Süchtigen hängen, ausgemergelt, völlig verwahrlost und teilweise übel ausfällig. Oder durch den

Görlitzer Park in Berlin. An solchen Orten bekommen Kinder Angst, sie ekeln sich, und genau diese Gefühle sorgen dafür, dass sie sich innerlich entscheiden: Damit will ich nie etwas zu tun haben. Weil Emotionen tausend Mal stärker wirken als vernünftige Argumente.«

»Verstehe. Einfach mal mit den Kindern durchs Frankfurter Bahnhofsviertel spazieren. Oder, hey, noch besser, da steckt doch eine lukrative Geschäftsidee drin! Rent-a-Junkie! Da kommen die abschreckenden Beispiele direkt ins Kinderzimmer! Dann erledigt sich die eventuell später auftretende Neugier auf Drogen sogar von zu Hause aus. Das spart Reisekosten und verringert gleichzeitig die Beschaffungskriminalität der Süchtigen!«

»Ein sehr guter Plan!«, sagt Frau Precht lachend. »So funktioniert es jedenfalls. Da muss man gar nicht erst mit logischen Argumenten und strenger Stimme kommen, sondern ganz praktisch: Hier, guck, so sieht die Realität aus, wenn jemand konsumiert. Denn genau diese Realität sehen sie nicht, wenn ihnen in der Schule die coolen Typen oder dieses ganz besondere Mädchen etwas anbieten. Da ist die Welt der Drogen stets hübsch, verwegen, abenteuerlich, anders als das spießige Normalo-Leben, und die Kehrseite bleibt unsichtbar. Die sollten Kinder vorher schon gesehen haben, sodass sie sich instinktiv dagegen entscheiden, ohne dass man ihnen etwas erklären muss. Viel mehr kann man eigentlich als Eltern nicht machen.«

»Ja, das dachte ich mir bereits. So wirklich vermeiden kann man es nicht. Wenn das Kind Lust hat, Drogen auszuprobieren, ist das kaum zu verhindern. Man kann höchstens unterstützend vorbeugen, damit sie von selbst darauf kommen, dass das keine gute Idee ist.«

»Ja, genau so ist … Oh, Scheibenkleister, mein Speck brennt an!«

Ich höre hektisches Klappern.

»Dann kümmern Sie sich mal um Ihren Speck!«, sage ich laut. »Wir sind auch fertig für heute! Vielen Dank! Und guten Appetit!«

»Alles klar! Tschüs, Herr Till!«

Ich lege auf.

Mist, jetzt habe ich plötzlich auch Lust auf Spaghetti Carbonara. Ich kann nur leider überhaupt nicht kochen, bei mir würden sogar die Nudeln anbrennen. Aber ich könnte mir welche beim Italiener bestellen, das habe ich lange nicht mehr gemacht. Das geht ja heutzutage sogar alles online, ich muss nur die Seite ... Moment mal. Unterbricht mich an dieser Stelle nicht immer diese Frau mit ihrem Kühlschrankkind? Wo bleibt sie denn? Hallo? Jemand da? Seltsam. Jetzt ist noch nicht einmal mehr auf imaginäre Leserinnen Verlass. Vielleicht ist sie beim Lesen eingeschlafen? Oder das Kapitel hat sie nicht interessiert? Mal schauen, ob ich sie mit dem nächsten wieder hervorlocken kann. Aber erst mal muss das Ende dieses Kapitels gefeiert werden. Früher hätte ich zu diesem Anlass ja ein bis sieben Biere gezischt. Heute hole ich mir ein paar Kekse aus der Küche, die tun es auch – und sind vor allem viel leckerer.

 **Abspann**

Ihr Kind lernt am Vorbild. Eine gute Grundlage dafür, dass es keinen Hang zu Drogen entwickelt, ist dementsprechend, wenn Drogen (auch in Form von Alkohol und Nikotin) nicht zu Ihrem Alltag gehören. Außerdem ist es wichtig, dass Ihr Kind nicht nur intellektuell über die Gefahren von Drogen aufgeklärt wird, sondern auf emotionaler Ebene abgeschreckt wird.

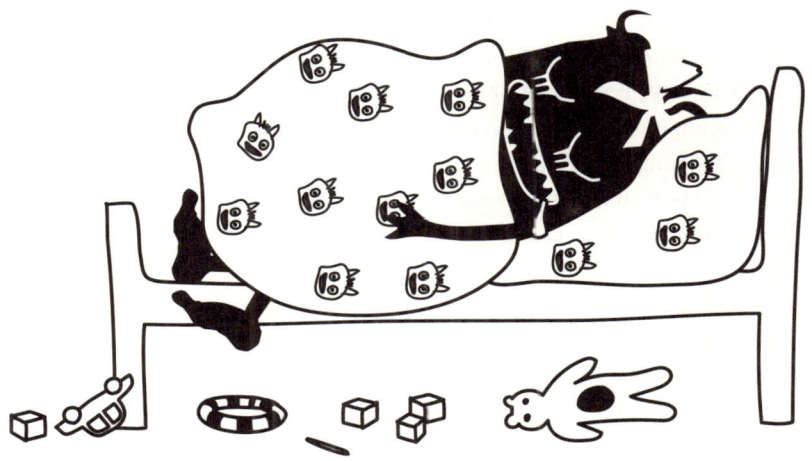

# 13 Schlaf, Kindlein, schlaf

*»Du wirst müde im Reimeland.«*
*(Lily Aldrin/How I met your mother/Staffel 9/Folge 11)*

Dies ist Mama Lilys Erkenntnis, als sie endlich das passende und einzige Buch gefunden hat, das ihr Baby Marvin einschlafen lässt, wenn sie ihm daraus vorliest. Wobei es offenbar nicht am Buch selbst, sondern an der Tatsache liegt, dass es in Reimen verfasst wurde. Folglich wird immer in Reimen gesprochen, wenn es darum geht, Klein-Marvin ins Schlummerland zu schicken. Deshalb bestreitet Papa Marshall die komplette Episode in Reimen, denn er sitzt mit Marvin in einem Bus und möchte die anderen Fahrgäste nicht mit dessen Geschrei nerven. Das rumpelt in der deutschen Fassung verständlicherweise bis zur Unerträglichkeit – was kein Vorwurf an die Übersetzer sein soll. Es zählt unter Übersetzern sicher als Königsdisziplin, etwas Gereimtes aus einer anderen Sprache adäquat zu übertragen, weil es sehr, sehr schwierig ist. Und das Ganze dann auch noch lippensynchron hinzukriegen ist ganz große Kunst. Wer also des Englischen mächtig ist, sollte sich lieber die Originalfassung ansehen.

Marshall schafft es in dieser Folge auch immer wieder, den kleinen Marvin mit seinen Reimen einzuschläfern, aber seine Bemühungen werden jedes Mal vom laut fluchenden Busfahrer zunichte gemacht. Ein Kind zum Einschlafen zu bewegen ist schwierig genug – diesen Zustand aufrechtzuerhalten offenbar noch schwieriger.

## Betäubungsmittel

Ob ich als Kind meine Eltern zur Verzweiflung getrieben habe, bis ich endlich eingeschlafen bin, weiß ich nicht mehr. Wenn ich heute nicht einschlafen kann, helfen jedenfalls keine Reime. Und manchmal schlafe ich sehr schwer ein, egal, wie spät es ist. Das liegt an meinem Kopf, der einfach nicht aufhören will zu denken. Da spukt dann das aktuell zu schreibende Buch herum oder die am nächsten Tag anstehende Lesung oder die gerade noch gesehene letzte Serienfolge, Dinge, die erledigt werden müssen, alles Mögliche, was einen so hinter der Stirn beschäftigen kann. Da liege ich dann im Bett, mein Körper ist längst müde, aber im Kopf rattert es unaufhörlich. Als ich noch jeden Abend Bier getrunken habe, war das kein Problem, da war der Kopf betäubt und hat Ruhe gegeben, sobald ich mich hinlegte. Ohne Betäubungsmittel funktioniert das irgendwie nicht mehr so gut.

Mit Lesen habe ich es auch schon versucht, davon werde ich normalerweise auch irgendwann müde. Die Betonung liegt dabei leider auf irgendwann. Ein gutes Buch hält einen auch wach und absichtlich schlechte Bücher zu lesen verstößt dann doch irgendwie gegen meine Berufsehre. Das klassische Schäfchenzählen funktioniert auch nicht, bei mir fangen die Vierbeiner jedes Mal an, Unfug zu machen und irgendwelche Abenteuer zu erleben. Dann habe ich im besten Fall zwar eine neue Buch-Idee, aber es gibt bereits so viele Schäfchen-Bücher, deswegen verwerfe ich sie meistens gleich wieder und fange an, über Alternativen nachzudenken, was mich wiederum nicht einschlafen lässt. Wenigstens plärre ich nicht lauthals herum, wenn ich nicht einschlafen kann, sonst hätten meine Liebste und ich wahrscheinlich längst getrennte Schlafzimmer. Und ganz so dramatisch ist das mit dem Nicht-einschlafen-Können dann auch nicht, schließlich kann ich morgens so lange schlafen, wie ich will.

Lieben Sie das nicht auch, keinen Wecker zu brauchen? Wie bitte? Oh. Das stimmt natürlich. Verzeihung. Sie haben ja Kinder, daran habe ich gerade nicht gedacht. Sie haben vor zwölf Jahren zum letzten Mal ausgeschlafen? Das ist natürlich bitter. Wann stehen sie denn morgens auf? Um fünf? Das ist aber schon arg früh, oder? Im Winter sogar um halb fünf? Weil Sie jeden Morgen die Klamotten und Schuhe Ihrer Kinder im vorgeheizten Backofen anwärmen. Und weil das Streichquartett für den schonenden und organischen Weckvorgang im Winter länger braucht, um sich im schalldichten Keller warmzuspielen? Aha. Interessant. Und wie helfen Sie Ihren Kindern beim Einschlafen? Mit dem sanften Rauschen Ihres Helikopters? Wie bitte? Nein, ich versuche nicht, Sie und Ihre Erziehungsmethoden lächerlich zu machen – das schaffen Sie sehr gut allein. Aber jetzt mal ganz im Ernst. Wissen diese Leute eigentlich, was Sie der Gesellschaft antun, wenn Sie ihre Kinder zu derart unselbstständigen, über alle Maßen verhätschelten und somit weltfremden Vollidioten erziehen, die sich ohne Mamas Hilfe nicht einmal den Hintern abputzen können? Was soll denn aus denen mal werden? Präsident der USA?

Bei einigen Politikern fragt man sich ja schon, ob sie als Kind nicht mit dem Vorschlaghammer zum Einschlafen gebracht wurden. Das ist mit Sicherheit als kurzfristige Lösung durchaus praktikabel, führt aber erwiesenermaßen zu unangenehmen Spätfolgen.

## Drehbuchpädagogik

Wie also macht man es richtig? Wie bringt man ein Kind zum Einschlafen, das nicht einschlafen kann? Oder will. Das gibt es ja auch, Kinder, die sich einfach weigern, schlafen zu gehen. Wie die kleine Michelle aus *Full House* (Staffel 4/Folge 2), die aufgrund ihres väterlichen Prinzessinnen-Status der Meinung ist, nicht ins Bett gehen zu müssen. Sie steht einfach immer wieder auf, weil sie sowieso keinen Ärger kriegt, dafür ist ihr Papa zu weich. Erst, als Michelle es übertreibt und er mit nassen Füßen in der Küche steht (warum, wird nicht gespoilert), merkt er, dass seine kleine Prinzessin leider doch nur ein ganz normales Mädchen ist, das dringend Erziehung benötigt. Es folgt die erste ernste Ansprache in Michelles Leben und schon geht sie freiwillig ins Bett – Drehbuchpädagogik funktioniert eben immer, wenn sie benötigt wird.

In *Modern Family* (Staffel 1/Folge 11) ist es Lilly, die Adoptivtochter des schwulen Paars Mitchell und Cameron, die lieber aus Leibeskräften plärrt, als zu schlafen. Während Cam ihr Weinen nicht aushält und sie jedes Mal sofort zu sich holt, möchte Mitchell es lieber mit der Ferber-Methode versuchen, die besagt, man solle das Kind fünf Minuten weinen lassen, bevor man es tröstet. Eine schöne Theorie, nur hält Cam die Tränen seiner Tochter leider nicht aus und heult einfach mit – das Problem hat sich somit verdoppelt. Außerdem kann Cam es einfach nicht lassen und schleicht sich immer in Lillys Zimmer, sobald sie weint. Mitchell versucht, das zu unterbinden, notfalls mit vollem Körpereinsatz, was zur Folge hat, dass er sich bei einem Gerangel den Knöchel verstaucht. Die beiden stellen fest, dass unterschiedliche Erziehungsansätze nicht gut für ein harmonisches Familienleben sind, und sprechen sich aus. Wie Lilly zukünftig zum Einschlafen gebracht wird, bleibt in diesem Fall leider offen.

Homer Simpson versucht es in Staffel 17, Folge 2, mit dem klassischen Schlaflied, aber die kleine Maggie bleibt unbeeindruckt wach. Homer fährt immer weiter singend mit ihr durch die Gegend. Als sie endlich einschläft, macht Mutter Marge Homers Erfolg sogleich zunichte, indem sie laut rufend fragt, ob Maggie endlich eingeschlafen sei.

## Sieben Meter Entfernung

Ein Patentrezept als Einschlafhilfe für Kinder (und vor allem deren Eltern) gibt es demnach offenbar nicht. Oder vielleicht doch? Wenn das jemand weiß, dann Frau Precht. Ich rufe sie gleich mal an.

»Ja, Precht?«

»Hallo, Frau Precht. Till hier. Hätten Sie einen Moment für mich?«

»Wenn's nicht zu lange dauert. Ich wollte mich eigentlich gerade hinlegen.«

»Hinlegen? Um drei Uhr nachmittags? Geht es Ihnen nicht gut?«

»Doch, doch. Ich bin nur ein bisschen müde, der Vormittag war sehr anstrengend. Aber so ein kleiner Power-Nap tut manchmal Wunder.«

»Power-Nap? Das ist das, wo man einfach mal zwischendurch ein paar Minuten schläft, oder?«

»Genau. Das baut Stress ab, steigert die Leistungsfähigkeit und hebt sogar die Laune. Sollten Sie auch mal probieren, danach fühlt man sich herrlich erfrischt.«

»Das funktioniert bei mir nicht, ich brauche meistens ewig, um überhaupt einzuschlafen, da würde jeder Power-Nap eine Stunde dauern. Aber apropos einschlafen, damit wären wir gleich beim Thema. Was sollten Eltern tun, wenn ihr Kind nicht einschlafen kann? In der Serie *Modern Family* wird zum Beispiel die Ferber-Methode angewandt. Taugt das was?«

»Na ja, nicht grundsätzlich. Und fünf Minuten sind definitiv zu lange. Klar, manche Babys hören dann wirklich auf zu weinen – nämlich, weil sie denken, es ist eh keiner da, der sie hören könnte, und sie sind mutterseelenallein. Man braucht sich dann nicht zu wundern, wenn sich diese Menschen lebenslang eher einsam fühlen oder auch als Erwachsene keine Wünsche mehr äußern. Vorausgesetzt, sie spüren überhaupt noch, was sie eigentlich brauchen, und sind noch nicht vollständig angepasst.«

»Das macht Sinn. Aber irgendwie muss man die Kleinen ja zum Schlafen bringen, wenn man nicht am Stock gehen will.«

»Mit diesem Problem müssen sich *alle* Eltern herumschlagen. Bei uns im Schwarzwald hat man früher einen guten Schluck Kirschwasser ins abendliche Fläschchen gemischt. Das hat gut funktioniert, wird aber heute nicht mehr praktiziert. Die Langzeitwirkungen sind doch zu ungünstig und zu viele Kinder dem Alkohol verfallen.«

»Hm. Interessante Variante. Alkohol hat bei mir im Erwachsenenalter auch immer funktioniert. Ob meine Eltern in meiner Kindheit wohl auch zu diesem alten Hausmittelchen gegriffen haben? Vielleicht hatten sie ja Vorfahren im Schwarzwald, muss ich mal nachforschen.«

»Ich bin mir sicher, diese Methode fand nicht nur im Schwarzwald Anwendung. Und der Erfolg ist selbst damit nicht garantiert. Bei Babys lässt sich in den ersten Monaten so gut wie gar nichts machen. Es heißt geduldig sein, sich Hilfe holen, wenn man mal dringend schlafen muss, sodass der Babysitter nachmittags eine Runde mit dem Zwerg dreht, während sich Mama und Papa zwei Stunden Tiefschlaf gönnen. Ab dem 7. Lebensmonat sind die Kleinen dann aus biologischer Sicht in der Lage, länger zu schlafen. Aber Achtung: Wenn das Kind im Schlafzimmer der Eltern nächtigen soll, und die junge Mama stillt noch, klappt das nicht. Babys riechen Muttermilch bis auf sieben Meter Entfernung. Und genau dieser Duft lockt sie nachts immer wieder aus dem Schlaf, sodass sie gar nicht daran denken durchzuschlafen. Das bedeutet: entweder abstillen oder das Baby ausquartieren, mit mindestens einer Tür zwischen dem Kinderbett und der Milchquelle.«

»Ich rieche normale Milch aus sieben Meter Entfernung. Und dann entferne ich mich möglichst schnell weitere sieben Meter. Ich kann das Zeug nicht ausstehen. Vielleicht, weil kein Kirschwasser drin ist?«

»Ja, das könnte natürlich sein«, sagt Frau Precht lachend.

»Okay, bei Babys hilft also kaum etwas. Wie sieht das mit älteren Kindern aus? Vor allem bei denen, die gar nicht schlafen gehen wollen?«

»An älteren Kindern, die sich abends weigern, schlafen zu gehen oder einzuschlafen, weil sie noch Durst haben, noch nicht müde sind, nicht schlafen können oder ihre Serie noch unbedingt weitergucken wollen, sprich: bei Kindern ab etwa drei Jahren, beißt man sich die Zähne aus, wenn man anfängt zu erklären. Kinder unter sechs verfügen noch nicht über unseren Verstand, sodass jede Diskussion das Schlafproblem nur verstärkt. Oder anders gesagt: Die Diskussion ist der Tod des Schlafs.«

»Das ist sie bei Erwachsenen oft auch, vor allem in Beziehungen.«

»Das stimmt natürlich«, sagt Frau Precht lachend.

»Aber wenn man Diskussionen vermeiden sollte, was hilft dann sonst?«

»Na ja, das, was meistens hilft: klare Regeln und Ansagen. Kinder sollten zu einem festgelegten und immer gleichen Zeitpunkt ins Bett gebracht werden. Und dann bietet man ihnen ein Einschlafritual an. Aber tatsächlich nur eins, nicht mehr. Entweder singen oder vorlesen oder eine Folge Bob der Baumeister zum Anhören. Danach wird freundlich, aber bestimmt das Licht ausgemacht. Und wenn sich die Kleinen beklagen, hilft nur eins: aushalten. ›Dann liegst du eben eine Weile wach und träumst vor dich hin. Das ist in Ordnung. Das geht mir manchmal genauso.‹ So etwas in dieser Art.«

*»Die Diskussion ist der Tod des Schlafs.«*

»Okay. Also klare Ansagen oder klarer Schnaps.«

»Lassen wir den Schnaps lieber weg.«

»Wäre in besonderen Härtefällen eventuell Chloroform eine Lösung? Das habe ich mal in einem sehr lustigen Video gesehen.«

»Um Gottes Willen! Natürlich nicht! Sie gucken Videos, in denen Kinder mit Chloroform betäubt werden?«

»Nicht wirklich, das war natürlich nicht ernst gemeint. Das war so eine Art Werbeclip-Verarsche. Aber sehr witzig gemacht. Wir beschränken uns also auf die klaren Ansagen. Sonst noch etwas?«

»Nein, das war's. Den einen, immer funktionierenden, leichten Trick gibt es auch hier nicht.«

»Alles klar. Dann danke ich Ihnen, störe nicht weiter und wünsche einen erfrischenden Power-Nap. Tschüs, Frau Precht!«

Ich warte auf die Erwiderung meiner Verabschiedung, erhalte aber nur Rauschen als Antwort.

»Frau Precht?«

Ein leises Schnarchen mischt sich unter das Rauschen. Okay, dieser Nap hat offenbar sehr viel Power und war dringend nötig. Ich lege auf.

Juchhu, das letzte Kapitel ist fertig. Wobei … Habe ich eigentlich eine Top-Liste eingebaut? Mal nachgucken. Oh, Mist, die habe ich glatt vergessen. Dann eben jetzt noch eine. Aber was für eine? Was hatten wir denn noch nicht? Die Serien mit den meisten Toten? Meine brutalsten Lieblingsserien? Nein, alles zu martialisch, lieber etwas Nettes. Oh, ich hab's! Natürlich, das ist es, darauf hätte ich eigentlich zuallererst kommen müssen, näherliegend geht gar nicht. Serien + Kindererziehung = Serienkinder!

**Hier also die Top 10 meiner Lieblingsserienkinder:**

1. Eric Cartman (South Park)
2. Sam Gardner (Atypical)
3. Arya Stark (Game of Thrones)
4. Shane Botwin (Weeds – Kleine Deals unter Nachbarn)
5. Barry Goldberg (Die Goldbergs)
6. Darlene Conner (Roseanne)

7. Dustin Henderson (Stranger Things)
8. Dewey Wilkerson (Malcolm mittendrin)
9. Rory Gilmore (Gilmore Girls)
10. Luke Dunphy (Modern Family)

Es gibt unterschiedliche Gründe, weshalb ich diese Serienkinder mehr als andere ins Herz geschlossen habe. Es gibt manche, die mich besonders oft zum Lachen bringen, andere sind vom Charakter und von der Darstellung her einfach herausragend, wiederum andere sind besonders liebenswert, das Spektrum meiner Zuneigung in puncto Seriencharaktere ist grundsätzlich vielschichtig, so wie … Wie bitte? Oh, Sie sind's! Das ist aber schön, dass Sie sich noch mal melden, ich hatte mir schon Sorgen gemacht, weil ich nichts mehr von Ihnen gehört hatte. Wie bitte? Umzug? Ja, so was ist immer sehr zeitraubend. Wo sind Sie denn hingezogen? Ach was? Sie wohnen jetzt alle zusammen in einem Kühlhaus? Na, das ist ja ein Ding! Und das ist Ihnen nicht zu kalt auf Dauer? Ja, stimmt, man gewöhnt sich an alles. Wie bitte? Die menschliche Wärme innerhalb der Familie ist jetzt viel stärker als vorher? Selbst der kleine Leo taut langsam auf? Na, das klingt doch nach einem richtigen Happy End für alle, freut mich wirklich sehr für Sie! Wie bitte? Ach, keine Ursache, sehr gern geschehen, man tut, was man kann. Nein, das hätte ich absolut nicht erwartet. Aber manchmal ist es tatsächlich so: Ein Buch kann ein ganzes Leben verändern. Eine gute Serie im besten Fall auch. In diesem Sinne:

BA-DAMMMMM!

 **Abspann**

Serien beweisen, dass jedes Kind schlafen kann. Fraglich ist nur: womit? Und wann? Manche Babys und Kleinkinder brauchen beruhigende Bewegungen, andere den Körperkontakt. Wenn Ihr Kind größer wird, helfen Einschlafrituale und klare Ansagen. Lassen Sie sich nicht auf Verzögerungstaktiken oder Diskussionen ein.